上跨既有线铁路桥大吨位高墩墩中转体技术

王元清　张亮亮　田维锋　肖启山　李传琳　著

科学出版社

北　京

内 容 简 介

桥梁转体施工法可以充分利用地形，具有施工速度快、造价低的特点，是修建跨越交通繁忙位置或既有线路桥梁的首选施工方法。桥梁转体施工法虽然已经在国内外进行了大量的应用，施工工艺已趋于成熟，应用范围也越来越广，但出现的时间较晚，实践经验和理论分析还存在不足。本书依托世界首座采用墩中转体施工的大树村龙川江三线大桥，重点研究了平转法施工技术在建造跨越既有线路桥梁中的应用。全书共6章。第1章介绍了转体施工法的基本概念及发展情况；第2章为转体系统构造及计算原理；第3章结合首座采用墩中转体施工技术的大树村龙川江三线大桥，详细介绍了墩中转体系统的组成和计算方法；第4章介绍了转体施工技术；第5章介绍了大树村龙川江三线大桥施工开发出的一些新技术；第6章介绍了转体施工监控技术和施工安全的有关内容。

本书可供土木工程、道路工程、桥梁工程等专业师生及桥梁施工技术人员学习和参考。

图书在版编目(CIP)数据

上跨既有线铁路桥大吨位高墩墩中转体技术 / 王元清等著. — 北京：科学出版社, 2019.9

ISBN 978-7-03-062104-7

Ⅰ.①上… Ⅱ.①王… Ⅲ.①桥梁施工-转体施工 Ⅳ. ①U445.465

中国版本图书馆 CIP 数据核字（2019）第 180203 号

责任编辑：华宗琪 朱小刚 / 责任校对：彭 映

责任印制：罗 科 / 封面设计：陈 敬

科学出版社 出版

北京东黄城根北街16号

邮政编码：100717

http://www.sciencep.com

四川煤田地质制图印刷厂印刷

科学出版社发行 各地新华书店经销

*

2019年9月第 一 版 开本：B5（720×1000）

2019年9月第一次印刷 印张：10 1/4

字数：200 000

定价：149.00 元

（如有印装质量问题，我社负责调换）

序

在高速铁路建设过程中，不可避免地会与既有铁路线交叉重叠。新建铁路的施工，会对既有线路交通的正常运行造成影响；受现场沟谷地形的限制，往往不具备搭设防护棚架的施工条件，无法对既有线路进行全封闭隔离，采用传统的施工方法会给既有线路带来很大的安全风险。因此，探索新建铁路线与既有铁路线交叉重叠处的快速、安全施工方法是铁路工程建设中面临的重要课题。

在桥梁建设中，桥梁转体施工法可以充分利用地形，对既有铁路线交通影响小，施工设备少，速度快、造价低，是一种较为成熟的新建铁路桥梁跨越既有线路的施工方法，具有重要的工程应用价值，在我国跨线铁路桥梁建设中应用越来越多。但在具体实施过程中，还需要工程技术人员根据新建铁路线与既有铁路线交叉重叠处地形地貌、交通环境、结构形式、设备能力、转体质量和体积等现场情况，研究并创新施工工艺，实现快速、安全施工。

中铁十一局在成昆铁路复线永仁至广通段大树村龙川江三线大桥建设中，针对工程特点，借鉴传统桥梁转体施工平转法，将转体结构设置在墩身上，首创了大吨位高墩墩中转体施工技术，其转体高度和转体质量均创下世界纪录。该书详细地总结了大吨位高墩墩中转体体系的构造、设计计算、墩中转体施工工艺和施工监控与安全防护，为同类型桥梁的施工积累了宝贵的工程经验，对从事桥梁工程建设的技术人员具有重要的参考价值。

在桥梁施工方法方面做出创新困难大、风险高，中铁十一局与张亮亮教授团队通过产学研结合，发挥各自的优势，进行大胆创新实践并取得创新成果是值得肯定的。希望该书的出版对促进行业的科技进步发挥重要作用！

中国工程院院士 周绪红

前　言

新中国成立以来，我国铁路建设取得了巨大的成就，据中国铁路总公司统计，到 2018 年底，全国铁路营业里程达到 13.1 万千米，其中高铁为 2.9 万千米，占世界高铁总里程的 60%以上。根据 2016 年国家发改委发布的《中长期铁路网规划》，在 2030 年“四纵四横”主骨架的基础上，增加客流支撑、标准适宜、发展需要的高速铁路，同时充分利用既有铁路，形成以“八纵八横”主通道为骨架，区域连接线衔接，城际铁路补充的高速铁路网。在实现这一宏伟目标的过程中，必将遇到路线跨越既有线路的情况。平转法是一种成熟的施工技术，施工方便，尤其是在跨越既有线路时施工窗口期短，施工过程对既有线路干扰小，不影响线路运营。因此，平转法是跨越既有线路桥梁的首选施工方法。本书依托世界首座采用墩中转体施工技术的大树村龙川江三线大桥，重点研究了墩中转体施工技术在建造跨越既有线路桥梁中的应用

全书共 6 章，第 1 章介绍了转体施工法的基本概念及发展情况；第 2 章为转体系统构造及计算原理；第 3 章结合首座采用墩中转体施工技术的大树村龙川江三线大桥，详细介绍墩中转体系统的组成和计算方法；第 4 章介绍了转体施工技术；第 5 章介绍了大树村龙川江三线大桥施工开发出的一些新技术；第 6 章介绍了转体施工监控技术和施工安全的有关内容。

本书由中铁十一局集团第五工程有限公司、重庆建筑科技职业学院、重庆交通大学、中铁二院昆明勘察设计研究院有限责任公司合作完成，主要由王元清、张亮亮、田维锋、肖启山、李传琳编写，参加编写的人员还有李迎阳、胡家玲、骆云超、车文庆、赵凡、张成平、熊军、王小峰、吴波、李浩弘、邓凡、李宏、谢照男。在编写本书的过程中得到了相关专家及技术人员的大力支持和协助，他们为本书提供了大量第一手施工现场资料，还为本书的编写提出了许多宝贵的意见和建议，在此对他们表示感谢。同时，本书还参考了许多国内外文献，特此向这些文献的作者表示感谢。

由于作者水平有限，书中难免存在疏漏，敬请各位读者批评指正。

目　录

第1章 绪　　论

铁路货物运输是现代运输的主要方式之一，也是构成陆上货物运输的两种基本运输方式之一。它在整个运输领域中占有重要的地位，并发挥着越来越重要的作用。铁路运输由于受气候和自然条件影响较小，且运输能力及单车装载量大，在运输的经常性和低成本性中占据优势，再加上有多种类型的车辆，使它几乎能承运任何商品，而可以不受重量和容积的限制，这些都是公路和航空运输方式所不能比拟的。

随着我国国民经济的快速发展，国内交通运输网的规模和质量严重不适应社会发展需求，尤其是繁忙干线的运输能力极度紧张，不仅客运能力十分短缺，而且货物运输受到极大制约。发展高速铁路，可以实现铁路繁忙干线的客货分线运输，减小客货干扰，把既有线的运输能力释放出来，发展货物的重载运输，极大地提高既有线货运能力，能够为国民经济平稳较快发展提供充足的运力保障。然而在建铁路线不可避免地会与既有铁路线交织重叠在一起，因此避免影响既有线路的正常运行且保证有些运输任务非常繁忙的既有线路或者交通运输繁忙的公路的运输效率，减少施工对既有线路的影响，成为新建桥梁施工时的一大考虑，施工方法的选择尤为重要。常规的施工方法有预制拼装施工法、支架现浇法、顶推施工法、悬臂现浇法等[1]，这些传统的施工方法各有优缺点，但都对既有线路交通的正常运行有很大影响。而桥梁转体施工法既可以在公路或者铁路旁按正常施工流程进行施工，又可以降低一系列的安全隐患，恰好解决了这一难题，同时减少了对所跨越既有线路正常运行的影响。

1.1 转体施工技术定义及分类

1.1.1 转体施工技术定义

转体施工是20世纪40年代之后发展起来的一种桥梁施工方法。在《公路桥涵施工技术规范》(JTG/T F50—2011)中将桥梁转体施工定义为利用地形地貌先预制两个半孔桥跨结构，在桥墩或桥台上旋转就位、跨中合龙的施工方法。它是在河流的两岸或适当的位置，利用地形，使用简便的支架先将半桥预制完成，之后以桥梁结构本身为转动体，使用一些机具设备，分别将两个半桥转体到桥位轴线位置合龙成桥。其特点包括：可利用地形，方便预制；施工不影响交通；施工设备少，装置简单；节省施工用料；施工工序简单，施工迅速；适合用于单跨和三跨桥梁，可用于在深水、峡谷中建桥，同时也适用于平原区及城市跨线桥。

1.1.2 转体施工技术分类

在现行的城市、公路、铁路桥梁施工规范中均对转体施工技术进行了详细的分类。在《城市桥梁工程施工与质量验收规范》(CJJ 2—2008)中，将桥梁转体施工分为竖转和平转两种方法，其中平转施工分为无平衡重平转和平衡重平转[2]；《铁路桥涵施工规范》(TB 10203—2002)中，将桥梁转体施工分为平衡重平转和无平衡重平转[3]；《公路桥涵施工技术规范》(JTG/TF50—2011)中，将桥梁转体施工分为平转、竖转、平转加竖转，平转也分为无平衡重平转和平衡重平转两种方法[4]。

因此，按转动方向可以将转体施工大致分为竖转、平转和平竖结合三大类，如图 1.1 所示。

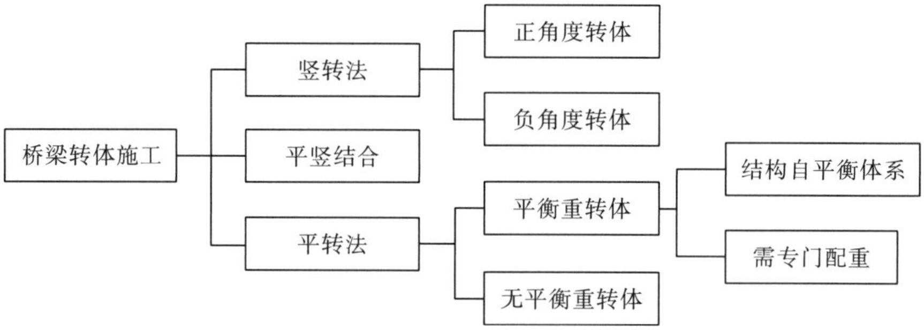

图 1.1 转体施工方法分类

1. 竖转

目前，竖转法主要应用于拱桥的施工。其施工流程是将主拱从跨中分成两个半跨，在桥轴方向上的河床设架预制，在转桥体的岸端设铰，桥台或台后设临时搭架支承提升系统，通过卷扬机提升牵引绳，将桥体竖转至合龙位置，浇筑合龙段接头混凝土，封固封铰完成竖转施工[5]。竖转体系一般由牵引系统、索塔、拉索组成。竖转的拉索索力在脱架时最大，因为此时拉索的水平角最小，产生的竖向分力也最小，而且拱肋要实现从多跨支承到铰支承和扣点处索支承的过渡，脱架时要完成结构自身的变形与受力的转化。为使竖转脱架顺利，有时需在提升索点安置助升千斤顶[6]。根据转动方向，竖向转体还可进一步细分为负角度转体和正角度转体。正角度转体是在桥面以下俯卧预制半拱后再向上竖转成拱，主要应用在钢筋混凝土拱桥和钢箱拱桥施工中。我国于 1984 年首次采用该方法施工了自贡水电局渡槽。负角度竖转施工在国外称为“旋转降低法”，与常见的自下而上的竖转施工方法(正角度转体)不同，该方法将拱圈在跨中分成两段，然后将各段拱圈在拱座上沿竖直方向制作，然后将两拱圈向前方向旋转，在跨中合龙[7]，如图 1.2 所示。例如，澜沧江特大桥和日本城址桥的劲性骨架采用负角度竖转后再浇筑外包混凝土的施工方法[8]。

2. 平转

平转施工法是将桥体上部结构整跨或从跨中分成两个半跨，在桥台处设置转盘，将预制的整跨或者半跨悬臂桥体置于其上，待混凝土达到设计强度后脱架，以桥台与锚锭体系或锚固桥体重力平衡，再用牵引系统牵引转盘，使桥体上部结构平转至对岸成跨中合龙，再浇灌接头混凝土，待混凝土达到设计强度后，封固转盘，完成施工。水平转体施工中，转动体系设计是一个很关键的技术问题。平转法的转动体系主要由转动支承、转动牵引系统和平衡系统组成。平转过程中的平衡问题是另一个关键问题，根据平衡配重的方式可分为有平衡重转体和无平衡重转体两种。

有平衡重时，上部结构与桥台一起作为转体结构，以桥台背墙作为拱肋平转扣索的反力墙和平衡重量，通过平衡重稳定转动体系和调整其中心位置。平衡重大小由转动体的重量决定。由于平衡重过大会增加平转难度，也不经济，所以采用本法施工的钢筋混凝土拱桥跨径不宜过大。采用这种方式进行转体施工的桥梁有大里营斜拉桥、江西德兴太白桥(图 1.3)等。须专门配重的转体施工是指通过调整背墙尺寸或配重把转动体系重心设计在球铰中心，采用这种转体方式施工的桥梁有河东大桥、江西高安樟树岭水库大桥。

图 1.2 拱桥竖转施工

图 1.3 江西德兴太白桥

无平衡重转体施工中无平衡重转动体系由锚固体系、转动体系和位控体系组成。锚固体系由锚碇、尾索、平撑和立柱组成，转动体系由上下转轴、拱箱和扣索组成，借助拱脚处立柱下端转盘和上端转轴使拱体作平面转动，位控体系就是通过缆风索来控制拱肋的转动速度和位置。无平衡重转体施工利用锚固体系形成平衡体系，以两岸山体岩石锚洞作为锚碇来锚固半跨拱桥悬臂状态平衡时所产生的水平拉力，节省了平衡转动体系的庞大平衡圬工，再通过转动体系及位控体系的作用，实现结构转动就位合龙。

3. 平竖结合

在某些特定的情况下，可能遇到受地形的限制，既不能在桥岸按设计标高预制半拱，也不便在桥位搭设支架在竖平面内预制半拱的情况。此时只能在适当的位置预制半拱，然后正角度竖转，再平转合龙。这种平竖转相结合的转体施工综合了平转法与竖转法的特点，适用于大跨度拱桥的转体施工。第一座采用此法建设的桥梁是 1993 年建成的跨径为 150m 的安阳钢管混凝土拱桥。此后，1999 年的广东佛山东平大桥、2006 年的广州丫髻沙大桥等陆续采用此法进行建设。

1.2 国内外转体施工技术发展概况

转体施工技术由开合桥发展而来。开合桥，即桥梁上部结构可以根据需要而进行移动，以利于河中过往船舶通过的一种特殊桥梁，可分为竖旋桥(图 1.4)，平旋桥(图 1.5)、升降桥和回缩桥。

图 1.4 竖旋桥

图 1.5 平旋桥

1.2.1 国外转体施工技术发展概况

国外转体施工技术是由拱桥竖转起步的。1947 年法国首次采用竖转法修建主跨为 110m 的 I' artuby 桥(图 1.6)，施工时因地制宜，利用地形在山谷两侧的桥台位置垂直浇筑拱肋后放倒合龙，这种施工方法因具有竖转法的基本特征被人们称为竖转法的雏形。该方法适于小跨径的肋拱桥，但跨径较大时则需要搭设较高的支架，与满堂支架相比没有明显优势，且转动较难控制，因此并未引起桥梁界的关注[9]。经过将近十年的发展，20 世纪 50 年代南非应用转体施工法修建了 Stormo 河桥，这是一座主跨为 113m 的钢筋混凝土箱型拱桥。施工时，首先在拱脚位置竖立木模，在木模下部设置铰，然后竖直浇筑半跨箱高度的腹板和横隔板，等到混凝土达到设计强度后，连同木模和浇筑好的腹板及横隔板沿跨径中心方向竖转，腹板合龙后，利用腹板作支架浇筑顶板和底板。意大利曾用此法修建了多姆斯河桥，跨径达 70m，以此为标志，竖转法逐渐发展成熟，开始被人们所接受。具有代表性的竖转法施工桥梁包括：1985 年德国建成的 Argentobel 桥(图 1.7)，跨径达 150m，是当时采用此方法建造的最大跨径桥梁，它在竖向位置利用地形搭支架浇筑混凝土拱肋，然后从两边将拱肋逐渐放倒，搭接成拱[10]；2001 年日本建成的神源溪谷大桥(图 1.8)，该桥为混凝土拱桥，跨径达 135m[11]。可见，竖转法主要用于混凝土拱桥的施工，但随着跨径的增大，拱肋悬臂长度过长，塔架也随之增加，转动不易控制。因此，竖转法一般只在中小跨径的拱桥中应用。

随着竖转法的应用，平转施工工艺也逐渐得到发展。平转法于 1976 年首次在奥地利维也纳的多瑙河运河桥上应用。该桥为双塔预应力混凝土斜拉桥，跨径布置为 55.7m+119m+55.7m，转体质量达 4000t[14]。桥梁平转施工以其跨越障碍物的独特优点开始引起桥梁界的广泛关注，相比竖转法，该方法应用较多而且被广为采纳。平转法在法国、德国、日本、比利时等国家得到应用，采用平转法施工的桥梁除斜拉桥外，还有 T 构桥、钢桁梁桥、预应力连续梁桥。1976 年德国首次运用平转法修建了一座跨径为 53m+52m 的钢筋混凝土 T 构桥，将直径为 1m 的转动盘安装在桥墩的圆形支座上，在距离轴心 22.8m 处设置弧形滑道，用刨光镀锌钢板和聚四氟乙烯板制成滑道，为了加强结构在转体过程中的刚度还设置了临时塔架和斜拉索。1984 年法国采用平转施工法建设了一座跨径为 26m+64m+24m 的混凝土连续梁桥，先在两岸的移动支架上预制好两个半跨上部结构，然后平转合龙。最具代表性的是 1991 年建成的比利时本・艾因桥(图 1.9)，该桥为斜拉桥，跨径布置为 3×42m+168m，转体质量达 19500t，是当时转体质量最大的桥梁[12]。

图 1.6　I' artuby 桥

图 1.7　Argentobel 桥

图 1.8　日本神源溪谷大桥

图 1.9　本・艾因桥

国外采用转体法施工的部分桥梁见表 1.1。

表 1.1　国外采用转体法施工的典型桥梁表

序号	建成时间	桥名	地点	桥型	桥跨/m	转体方法
1	1947 年	I' artuby 桥	法国	肋拱桥	110	竖转法雏形
2	1950 年	多姆斯河桥	意大利		70	竖转法
3	1955 年	Stormo 桥	南非	箱拱桥	113	竖转法
4	1976 年	多瑙河运河桥	奥地利	双塔斜拉桥	119+2×55	平转法
5	1985 年	Argentobel 桥	德国	拱桥	150	竖转法
6	1991 年	本・艾因桥	比利时	斜拉桥	168+3×42	平转法
7	2001 年	神源溪谷桥	日本	混凝土拱桥	135	竖转法

1.2.2　我国转体施工技术发展概况

我国幅员辽阔，西部地区地形复杂，基于迫切在山区建桥的需要及转体施工的优点，20 世纪 70 年代我国的桥梁工作者独立开展了桥梁转体技术研究。我国转体施工始于拱桥平转，1975 年我国桥梁转体施工的开拓者、转体技术进步的引领者——张联燕开始进行“拱桥转体施工工艺”的研究，并于 1977 年建成了我国第一座平转施工的跨径为 70m 的肋拱桥——遂宁建设桥(图 1.10)。该桥为 70m 钢筋混凝土实验拱桥，一岸拱箱全宽 7m，一次转体安装就位需 4～5h。实验证明，“拱桥转体施工”具有经济、快速、安全等优点，施工设备省，施工简便，适于地方施工[15]。20 世纪 70 年代末 80 年代初我国采用平转法施工的拱桥，跨径较小，且都采用有平衡重转体施工。随着桥梁跨径的增大，为解决大跨径拱桥转体平衡重质量大的问题，四川省交通厅公路规划设计院从 1979 年开始了“拱桥双箱对称同步转体施工工艺”(又称为无平衡重转体施工)的研究，1984 年，进一步开展了“拱桥无平衡重转体施工工艺”研究，结合巫山县龙门桥的地形特点，完成了跨径为 122m 的巫山龙门桥箱型拱无平衡重转体施工试验桥[16]，如图 1.11 所示。1988 年四川涪陵乌江大桥采用该法转体成功(图 1.12)，成为我国拱桥跨径首次跃上 200m 大关的里程碑[17]。为了减小转体质量，转体时转动体仅有由钢筋网片制作的很薄的腹板和底板，转体合龙后再浇筑底板、腹板和顶板，钢筋网片中混凝土保护层太薄，制作难度较大，所以该施工方法已较少采用。随着转体施工工艺的进步，特别是转动系统中摩擦系数的降低和承载力的提高，这一方法在我国的刚构桥和斜拉桥中也得到应用，并且使其从山区推广至平原，同时转体质量和转体结构跨径也随之增长。例如，1980 年四川省金川县的曾达独塔斜拉桥，转体质量达 1344t；1985 年江西省贵溪跨线斜腿刚构桥，转体质量达 1100t；1990 年四川省绵阳的 T 构桥，转体质量达 2350t；1994 年广东省南海谢叠的 T 构桥，转体质量达 3505t；1998 年贵州省的都拉营刚构桥，转体质量达 7100t；2001 年贵州六盘水的北盘江钢管混凝土拱桥(图 1.13)，转体质量达 10400t；2003 年北京市石景山的混凝土斜拉桥，转体质量达 14000t。我国屡次打破最大转体质量的世界纪录，目前最大转体质量的世界纪录保持者是 2018 年建成的河北唐山市二环路上跨津山铁路独塔四索面斜拉桥，转体质量为 33000t。

图 1.10　遂宁建设桥

图 1.11　巫山龙门桥转体施工

图 1.12　涪陵乌江大桥转体施工

图 1.13　钢管混凝土拱桥转体施工(北盘江铁路大桥)

在竖转方面，虽然我国早在 20 世纪 80 年代初期就应用该法进行了钢筋混凝土桁架拱桥(四川自贡大田口渡桥)的施工，但其应用一直没有得到推广。直至钢管混凝土拱桥出现，促进了拱桥的轻型化和向大跨度发展，竖转法在钢管混凝土拱桥的钢管拱架架设中才得到广泛应用。例如，1996 年施工的主跨为 114m 的三峡莲沱钢管混凝土拱桥、1999 年施工的主跨为 175m 的广西鸳江钢管混凝土拱桥，后者的竖转体系采用了液压同步提升技术，使竖转技术跃上了新的台阶。2001 年施工的主跨为 235m 的徐州京杭运河钢管混凝土提篮拱桥、2009 年施工的主跨为 200m 的张石高速滹沱河钢管混凝土拱桥等大跨径钢管混凝土拱桥也采用这一技术进行竖转施工。近年来，竖转法才较少地应用于钢筋混凝土拱桥，应用范围和规模远小于钢管混凝土拱桥。

目前平竖结合法主要在钢管混凝土拱桥中应用，1995 年安阳文峰路桥(135m

钢管混凝土拱桥）采用这一方法转体成功。在我国平转与竖转相结合的工艺最具有代表性的是广州丫髻沙大桥（图 1.14）和佛山东平大桥，其中丫髻沙大桥主桥采用76m+360m+76m 三跨连续自锚钢管混凝土拱桥，跨越珠江南航道，是我国首次突破万吨级的转体桥。

(a)竖转

(b)平转

图 1.14 广州丫髻沙大桥

我国采用转体法施工的部分桥梁见表 1.2。

表 1.2 我国采用转体法施工的部分桥梁表

序号	建成时间	桥名	地点	桥型	桥跨/m	桥体质量/t	转角/(°)	转体方法
1	1977 年	建设桥	四川遂宁	箱肋拱桥	70	1200	143	平转
2	1979 年	宋斜桥	四川壤塘县	桁架拱桥	50	526	98～112	平转
3	1983 年	洪溪桥	湖南润口县	刚架拱桥	40	322	119～135	平转
4	1983 年	安定桥	四川木里县	桁架拱桥	45	460	130	平转
5	1984 年	杨村流槽桥	四川庆平县	钢架拱桥	67	440	100	平转
6	1985 年	前进桥	山东济南	钢架拱桥	40	836	90,180	平转
7	1985 年	大田口渡桥	四川自贡	桁架拱桥	100	320	22,30	竖转
8	1986 年	石背桥	湖南洞口县	箱型拱桥	90	1666	90～105	平转
9	1987 年	龙门桥	重庆巫山县	箱型拱桥	122	424	29	平转
10	1987 年	游垄桥	湖南资兴县	双曲拱桥	60	38	110～133	平转
11	1987 年	抚边桥	四川小金县	斜腿刚构桥	31	750		平转
12	1987 年	渌边桥	广西崇左县	箱型拱桥	65	1800	101～127	平转
13	1987 年	古揽桥	广东罗定县	刚架拱桥	60	640	110	平转
14	1988 年	钦江大桥	广西崇左县	箱型拱桥	100	3003		平转
15	1988 年	仙人桥	湖南保靖县	刚架拱桥	80	1570		平转
16	1989 年	乌江桥	重庆涪陵区	箱型拱桥	200	750	180	平转
17	1990 年	绵阳桥	四川绵阳	T 构桥	70	2350	49	平转
18	1990 年	三道沟桥	湖北巴东县	刚架拱桥	35	850	80	平转
19	1991 年	小港桥	江西德兴	斜腿刚架桥	62	1300		平转

续表

序号	建成时间	桥名	地点	桥型	桥跨/m	桥体质量/t	转角/(°)	转体方法
20	1992 年	漠沙桥	云南新平县	双曲拱桥	65+50	3000		先竖转再平转
21	1992 年	景阳桥	湖北巴东县	箱型拱桥		830		平转
22	1993 年	太白桥	江西德兴	刚架拱桥	130	1810		平转
23	1993 年	樟树岭桥	江西高安	桁架拱桥	70	290		平转
24	1994 年	白勉峡桥	陕西石泉	箱肋拱桥	105	1643		平转
25	1994 年	谢叠桥	广东南海	T 构桥	68	3505		平转
26	1995 年	文峰路桥	河南安阳	钢管混凝土拱桥	135			平竖结合
27	1998 年	三岔沟桥	湖北秭归	箱肋拱桥	105	1700		平转
28	1998 年	杉木溪桥	湖北秭归	箱肋拱桥	100	2000		平转
29	1998 年	大车铺桥	湖北恩施	刚架拱桥	76	2200		平转
30	1998 年	都拉营桥	贵阳市	连续刚构桥	90	7100	73	平转
31	1999 年	丫髻沙大桥	广州市	钢管混凝土拱桥	360	13850	117～92	先竖转再平转
32	2000 年	石景山斜拉桥	北京	斜拉桥		14000		平转
33	2001 年	北盘江大桥	贵州六盘水	钢管拱桥	236	10400	135～180	平转
34	2001 年	京杭运河桥	江苏	钢管拱桥	235		26～20	竖转
35	2004 年	崇遵楚米大桥	贵州	T 构桥	2×51.5			平转
36	2006 年	佛山东平大桥	佛山	钢管拱桥	150	14800	104,180	先竖转再平转
37	2007 年	贵州务彭公路珍珠大桥	贵州	混凝土拱桥	120	610		负角度竖转
38	2008 年	郑西铁路洛和特大桥	郑州	钢管拱桥	80	3800	57	平转
39	2009 年	和平路跨京广及石德铁路立交桥	石家庄	连续钢箱梁桥	47+54	1780	86	平转
40	2010 年	保埠高速公路京广铁路	河北	T 构桥	128	14400		平转
41	2011 年	南广铁路独屋大桥	南宁	T 构桥	100	4200	18.1	平转
42	2014 年	上塬路立交桥	陕西宝鸡	T 构桥	175	9600	30	平转
43	2015 年	三十米上跨铁路立交桥	山东邹城	斜拉桥	198	22400	97.3	平转
44	2016 年	丹阳路立交桥	山东菏泽	斜拉桥	240	24800	75.7	平转
45	2017 年	蒙华跨太中银铁路特大桥	陕西榆林	T 构桥	97.7	7128	61	平转
46	2018 年	英红特大桥	湖南英德	T 构桥	150	13500	78	平转

1.3 转体施工在跨越既有线路铁路桥梁中的应用

我国对高铁建设事业投入了大量的人力、物力、财力，取得了举世瞩目的成绩。然而在高铁的建设工作中，需要跨越繁忙的既有铁路和公路的情况不可避免，若因为桥梁施工对既有线路的交通长期阻断将造成大量的经济损失，且在既有线路上空施工对既有线路的运营也带来极大的干扰。桥梁转体施工技术的优越性在这种情况下得到充分体现。也正因如此，桥梁转体施工在高铁建设中发挥了极大的作用，被越来越多的工程项目所采用，也逐渐得到广泛的推广。以下为几座近年来采用转体施工技术修建的跨越既有铁路线的桥梁。

1. 京秦高速公路跨大秦铁路 T 构桥

京秦高速公路跨大秦铁路 T 构桥(图 1.15)为分幅式 70m+70m 预应力混凝土 T 构桥，需跨越大秦铁路和喜邦线公路。大秦铁路为双线电气化重载铁路，运营繁忙，铁路运营安全要求高，为避免中断交通造成经济损失，又考虑到大秦铁路的运营和施工安全，施工采用双幅同时同向平面转体，转体角度为 62°，单幅转体质量为 9600t。

图 1.15 京秦高速公路跨大秦铁路 T 构桥

2. 汕昆高速公路英红特大桥

汕昆高速公路英红特大桥(图 1.16)是我国首例超大吨位双幅高速公路桥梁转体跨越高铁的桥梁建设工程。2018 年 1 月 26 日，经过 70min 的紧张作业，单幅重达 13500t 的跨越京广高铁的汕昆高速公路英红特大桥顺利转体，总转动角度超过 70°，准确地转至设计的预定线形。汕昆高速公路英红特大桥的顺利转体也预示着我国在大吨位跨高铁转体桥梁建设方面的技术能力储备已经成熟。

图 1.16　汕昆高速公路英红特大桥

3. 邹城市上跨铁路立交桥

邹城市上跨铁路立交桥(图 1.17)位于山东省邹城市，高墩上跨既有京沪铁路站场 14 股道线，全长 1198.5m，主桥为独塔双柱斜拉桥，2015 年 01 月 19 日成功转体 97.3°，该转体桥主桥转体质量为 22400t，比国外最重转体桥重 2900t，是当时世界上最重的转体桥。本桥的球铰转盘直径达到 4.2m，赶超世界水平，该桥转体角度、转体长度及转动球铰直径等多项技术指标均达到世界先进水平。

图 1.17　邹城市上跨铁路立交桥

4. 黄石城际铁路跨京广铁路余家湾上行特大桥

黄石城际铁路跨京广铁路余家湾上行特大桥(图 1.18)是国内最大跨度的 T 构转体桥，该桥修建于 2011 年 1 月，桥型为 115m+115m 的 T 构桥，全长为 231.6m，转体总质量达到 14500t。

图 1.18 黄石城际铁路跨京广铁路余家湾上行特大桥

5. 跨京哈铁路公铁分离式立交桥

2014 年，丁家沟公铁分离式立交桥 2×80m 预应力混凝土 T 构桥采用平转法转体施工(图 1.19)，转体段梁长 138m，转体角度为 69.4°，转体质量为 8729.6t，其中球铰的球径为 8m，球铰平面半径为 1.95m，下球铰放入聚四氟乙烯片，球铰的结合面要填充黄油聚四氟乙烯粉。该桥解决了转体的定位与锁定、球铰的制造与安装、撑脚与滑道的精确安装等一系列工程技术难题，极好地控制了轴线与线形，为今后此类桥的施工积累了宝贵的经验。

图 1.19 跨京哈铁路公铁分离式立交桥

近年来，我国采用转体法施工的部分跨越既有铁路线的桥梁见表 1.3。

表 1.3　国内部分采用转体法跨越既有铁路线桥梁

序号	建成时间	桥名	上跨铁路	桥型	转体长度/m	转体质量/t	转体方法
1	2014 年	张唐铁路大令公特大桥	京哈铁路	T 构箱梁桥	64+64	8400	平转法
2	2014 年	上塬路横跨陇海铁路立交桥	陇海铁路	V 形 T 构桥	75+75	9600	平转法
3	2014 年	杨凌大道上跨陇海铁路立交桥	陇海铁路	双幅 T 构桥	112	12000	平转法
4	2015 年	呼准鄂铁路跨既有线特大桥	呼准铁路	双幅 T 构桥	78	4000	平转法
5	2015 年	三十米上跨铁路立交桥	京沪铁路	双索面斜拉桥	198	22400	平转法
6	2016 年	菏泽丹阳立交桥	京九铁路等	单索面斜拉桥	238	24800	平转法
7	2017 年	蒙华跨太中银铁路特大桥	太中银铁路	单幅 T 构桥	100	7128.5	平转法
8	2017 年	商合杭高铁太和特大桥	漯阜铁路	双幅 T 构桥	100	6688	平转法
9	2017 年	解家庄特大桥跨湖大铁路连续梁桥	湖大铁路	双幅 T 构桥	110	8700	平转法
10	2017 年	青连铁路跨胶黄铁路转体连续梁	胶黄铁路	双幅 T 构桥	177	7400	平转法
11	2018 年	英红特大桥	京广铁路	双幅 T 构桥	150	13500	平转法
12	2018 年	唐山市二环路上跨津山铁路独塔四索面斜拉桥	津山铁路	双索面斜拉桥	230	33000	平转法

可见，桥梁转体施工虽然已经在国内外进行了大量的应用，获得了显著的技术经济效果，其中平转施工工艺已趋于成熟，应用范围也越来越广，但因出现的时间较晚，实践经验和理论分析还存在不足。转体法施工目前还缺乏完善的设计施工规范，对工艺的要求较其他架桥施工方法都严格。因此，针对该项技术开展研究是必要的。

参 考 文 献

[1] 范立础. 桥梁工程(上册)(第二版)[M]. 北京：人民交通出版社，2012.

[2] 中华人民共和国住房和城乡建设部. CJJ 2—2008，城市桥梁工程施工与质量验收规范[S]. 北京：中国建筑工业出版社，2008.

[3] 中华人民共和国铁道部，中铁三局集团有限公司. TB 10203—2002，铁路桥涵施工规范[S]. 北京：人民铁道出版社，2002.

[4] 中华人民共和国交通部，中交第一公路工程局有限公司. JTG/T F50—2011，公路桥涵施工技术规范[S]. 北京：人民交通出版社，2012.

[5] 王文君. 桥梁转体施工技术研究[J]. 减速顶与调速技术, 2016(01): 12-18.

[6] 刘明辉. 跨越既有铁路线桥梁平转体施工技术及应用[M]. 北京：科学出版社, 2016.

[7] 李文武. 动态无应力构形有限元及钢筋混凝土拱桥负角度竖转施工控制研究[D]. 大连理工大学, 2013.

[8] 张爱花. 澜沧江特大桥提篮拱竖转施工方案比选[J]. 桥梁建设, 2010(03): 79-82.

[9] 韩晓毅. 浅谈转体施工的发展和应用[J]. 科技资讯, 2011(22): 46.

[10] HuenleinW, Ruse P. New method for construction of arch bridges applied at argentobel. Bauingenieur Berlin, 1985, 60(12): 487-493.

[11] 刘剑萍，角本周，成泽邦彦. 神原溪谷大桥的竖向转体施工[J]. 世界桥梁, 2003(03): 1-4.

[12] 陈宝春，孙潮，陈友杰. 桥梁转体施工方法在我国的应用与发展[J]. 公路交通科技, 2001(02): 24-28.

[13] 何俊. 大跨度连续梁桥转体施工力学特性分析[D]. 兰州交通大学, 2012.

[14] 张联燕. 桥梁转体施工[M]. 北京：人民交通出版社, 2002.

[15] 张联燕. 拱桥无平衡重转体施工的研究与实践[J]. 桥梁建设, 1987(01): 1-10.

[16] 易圣涛. 首次采用无平衡重转体施工的龙门大桥胜利合龙[J]. 公路, 1986(09): 27.

[17] 孙云. 涪陵乌江大桥 200m 一跨箱形拱无平衡重转体施工[J]. 桥梁建设, 1989(01): 13-21.

第 2 章　梁桥转体技术

2.1　概　　述

随着我国城市化进程的加快，在国家“一带一路”新的战略部署和“十三五”规划下，交通建设事业又将迎来新一轮的快速发展。但受到既有公路网、铁路线路的影响，跨越既有线路新建桥梁，采用传统建设桥梁的方式将会影响道路正常运营，对交通造成影响，而采用桥梁转体法施工能有效地解决此问题，桥梁转体施工工艺将发挥重要作用。在桥梁建设工法中，桥梁转体施工是重要的施工技术，在我国跨线桥应用越来越多的情况下，利用桥梁转体施工技术方案不仅能从根本上解决跨线桥施工过程中对相交线路运营产生干扰的难题，而且施工简便，造价较低，安全系数高，具有很好的工程应用价值。

我国桥梁转体施工经过近 40 年的发展，其主要成就如下：

(1) 桥型从拱桥发展到梁桥、梁拱组合体系、斜拉桥。

(2) 转体工艺从平转到竖转，再到竖转与平转相结合。

(3) 转动支承体系由环道支承到中心支承，再到中心支承与环道支承相结合。

(4) 转轴由混凝土磨心到钢管混凝土磨心，再到钢磨心。

(5) 转体阶段结构从钢筋混凝土薄板到钢结构，再到钢混组合结构。

(6) 采用转体施工的桥梁达到 200 余座，转体最大质量达 33000t，转动体单侧最大悬臂长度近 200m。

而我国地域辽阔，地形复杂，交通线路特征不同，技术要求也不同，给桥梁转体施工带来了各种技术难题，同时也给转体桥梁的研究带来了契机。

2.2　梁桥平转施工

在转体施工中，竖转施工合适的桥位相对较少，竖转加平转适合于特殊大桥，而平转施工占了桥梁转体施工的大多数。在平转施工中，无平衡重转体施工对设计、施工的要求均较高，实际应用较少。自平衡体转动仅需考虑转动体系的问题，相对较简单，适用于 T 构、连续梁、梁拱组合、斜拉等多种桥型。目前，自平衡体转动根据转体位置可分为墩底转体、墩顶转体和墩中转体。

2.2.1 墩底转体

墩底转体主要是在上下层承台之间或者承台与墩底之间设置平转系统，浇筑桥梁梁体，墩梁固结或临时固结成整体后共同绕承台转动，实现桥梁梁体转体，如图 2.1 所示。由于墩底转体将桥墩和桥梁梁体一起转动，所以转体质量较大，成本较低。适用于施工场地条件好、墩身矮、墩身与梁体刚性连接的桥梁。

图 2.1 墩底转体

以下为部分采用墩底转体法施工的桥梁。

1. 天津集疏港公路跨铁路桥主桥

天津集疏港公路跨铁路桥主桥(图 2.2)为双幅的 61m+61m T 构桥，顺时针同步转体 75° 后顺利合龙，左右幅转体质量相同，单幅为 13000t。由于转体总质量较大，转动时要克服的摩擦力矩较大，实际转动时要求提供较大的转动力矩来保证转体顺利实施。该桥在 T 构转体桥中首次突破万吨级，为以后的大吨位 T 构桥转体施工积累了宝贵的现场施工经验。

图 2.2 天津集疏港公路跨铁路桥主桥

2. 太原市北中环涧河路立交桥

太原市北中环涧河路立交桥(图 2.3)分为东、西线两幅施工。西线跨铁路线处采用预应力混凝土 T 构桥，跨径设置为 54m+57m，桥梁全长 111m，转体结构跨径组合为 49m+52m，转体质量达到 10170t，两侧布置有 5m 的支架现浇段；东线跨线处采用预应力混凝土 T 构桥，跨径设置为 2×67m，全长 134m，转体结构跨径组合为 57m+57m，转体质量达到 11520t，两侧的支架现浇段长度为 10m。

图 2.3　太原市北中环涧河路立交桥

2.2.2　墩顶转体

墩顶转体是通过在墩顶与梁底之间设置转动系统，在转体时只需要转动桥梁梁体，如图 2.4 所示。因此，转体质量小，但是墩顶的作业空间较小，安全性差，转体成本较高。适用于施工场地条件差、墩身较高的桥梁。

图 2.4　墩顶转体

以下为部分采用墩顶转体法施工的梁桥。

1. 蒙古营印河特大桥

蒙古营印河特大桥(图 2.5)于 DK183+960(8、9 号墩)、DK184+953.5(38、39 号墩)处分别跨越京包铁路和集包铁路线，两处均采用 40m+56m+40m 连续梁，跨越影响长度为 1410.15m，共有桥孔 41 跨。新建线路与既有线交叉角度为 45°，在跨越集包线时，梁底与接触网净空为 1.94m，每个转体重 2000t。

图 2.5 蒙古营印河特大桥

2. 崇礼铁路赵川镇高架特大转体桥

崇礼铁路赵川镇高架特大转体桥全长 7845m，为双线特大桥。转体桥段为 40m+64m+40m 连续曲线梁桥，如图 2.6 所示。该桥位于跨越张唐铁路的圆曲线上，平曲线半径为 3500m，竖曲线半径为 20000m，双线桥线间距为 4.6m。主跨与张唐铁路在 DK24+972.8 处相交，交叉角度为 68°。在曲线梁桥转体桥墩处，采用墩顶水平转体工艺，设置墩顶转体结构。两端施工完毕后梁体逆时针转体 68° 到设计位置进行边跨、中跨合龙。

图 2.6 赵川镇高架特大桥

2.2.3　墩中转体

墩中转体是将转体结构设置在墩身上的转体形式。2017 年 11 月 7 日，由中国铁建十一局承建的成昆铁路永仁至广通段大树村龙川江三线大桥成功进行了全国首例铁路大桥墩中转体施工，如图 2.7 所示。大树村龙川江三线大桥位于楚雄彝族自治州境内，全长 460.8m，为三跨连续梁悬浇转体桥，其主跨为 88m，桥面设 3 条铁道线和 1 座车站。此次转体在大桥 6 号墩墩身的 32m 处与 7 号墩墩身的 41m 处进行，部分墩身和连续梁将分别转动 21°32′24″、25°45′36″，跨越 20 世纪 70 年代通车的成昆铁路完成合龙。其中，41.4m 的墩中转体高度、7350t 的单体转体质量创世界纪录。

图 2.7　大树村龙川江三线大桥

本书将在后续章节中结合该桥对上跨既有线铁路桥大吨位高墩墩中转体技术进行详细的介绍和分析，为该项技术的推广及今后同类型桥梁施工积累宝贵的经验。

2.3　梁桥平转体系

平转法的转动体系主要由转动支承、转动牵引系统和平衡系统组成，如图 2.8 所示。根据《铁路轨道工程施工安全技术规程》(TB 10305—2009)的要求，对桥梁转体的各部分进行专门设计。

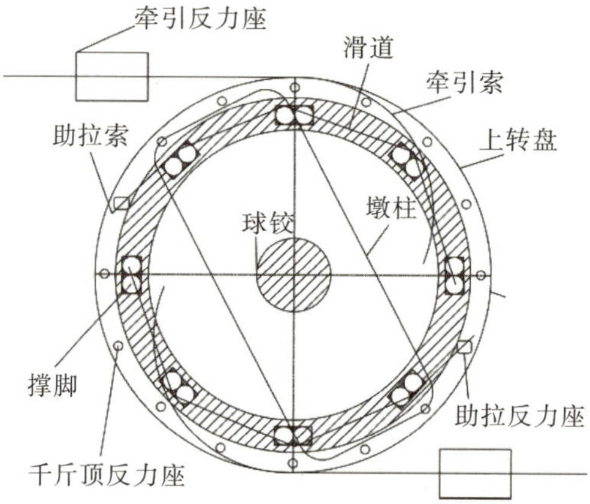

图 2.8 平转体系

2.3.1 平转转动支承类型

目前国内使用的平转转动支承类型有两种：平面铰和球面铰。平面铰是以聚四氟乙烯作为滑板的环道平面承重转体，如图 2.9 所示。聚四氟乙烯材料摩擦系数特别小，使转体成为可能。实验分析表明，聚四氟乙烯板与不锈钢板或镀铬钢板之间的摩擦系数比聚四氟乙烯板间的摩擦系数要小，而且随着正压力的增大而减小[1]。

图 2.9 平面铰

球面铰顾名思义就是转体上下转铰接触面为球面。对于不同材料制成的球铰，可分为钢筋混凝土结构球铰和钢结构球铰。混凝土结构球铰是上下转盘弧形接触面的混凝土均打磨光滑，再涂以二硫化铜或黄油聚四氟乙烯粉等润滑剂，以减小摩擦系数(一般在 0.03～0.06 之间)[2]。对于大吨位的平转法施工桥梁，工程中普遍采用钢结构球铰，钢结构球铰大多依据设计单位在总体设计中给出的球铰设计承载力，由具有相关能力的厂家负责加工制作。钢制转动球铰通常采用焊接施工工艺制造，出厂前经过严格无损检测，在构造上需重点检查球面半径和支承半径的制作公差，确保其满足受力要求。

在转动时往往必须兼顾转体上部结构、转体系统及转体下部结构的平衡，球铰转体结构支承的常见形式有球铰支承、球铰与撑脚共同支承。球铰支承即由中心撑压面承受全部转动重量，为了保证转体安全，通常在支承转盘周围设有支重轮或支撑脚。正常转动时，仅利用球铰摩擦力抵抗转体过程出现的偏心力矩，支重轮或承重脚不与滑道面接触，一旦有倾覆倾向则起支承作用以保证施工安全。球铰与撑脚共同支承，转体结构在转动时由于各种因素不可能处于平衡转动，所以需要撑脚与球铰共同来工作。如果撑脚多于 1 个，则包括球铰在内的支承点多于 2 个，上转盘类似于超静定结构，在施工工艺上保证各支撑点受力基本符合设计要求比较困难。相对于球铰支承，这种支承形式能够提供更大的抗倾覆力矩，因此是目前主要采用的转体支承形式[3]。

2.3.2　球铰构造及尺寸

1. 球铰的构造

球铰是由上球铰、下球铰、型钢定位骨架、滑道和撑脚等组成的，如图 2.10 所示。对于平转体施工桥梁来说，球铰在转体桥梁施工中占据重要的位置。球铰直径过小，转体过程中混凝土就可能被压碎，直径过大则会给球铰制作、安装带来不便，因此球铰的设计就显得至关重要。

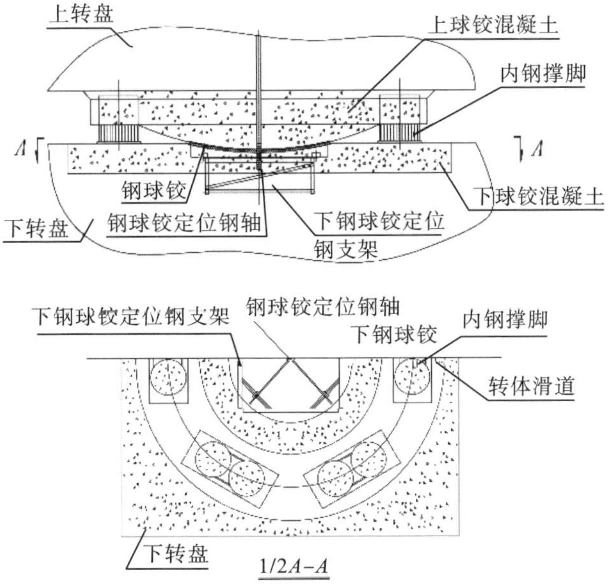

图 2.10　球铰构造平面图

2. 球铰尺寸的确定

对于不同转体质量所对应的球铰尺寸也是不相同的，球铰的尺寸一般根据经验、理论分析及数值仿真计算而得，我国部分转体施工桥梁球铰尺寸见表 2.1。

表 2.1 部分转体施工桥梁球铰尺寸表

序号	桥名	桥型	转体质量/t	球铰平面直径/m	球铰球面曲率半径/m	悬臂长度/m	备注
1	北京石景山高架桥	独塔斜拉桥	14000	3.8	8	86.7	跨铁路
2	北盘江大桥	独塔斜拉桥	10400	3.5	8	115.87	跨北盘江
3	绥芬河市新华街立交桥	独塔斜拉桥	14000	4.0	平面	98.7	跨铁路
4	石环公路跨石太铁路桥	独塔斜拉桥	16500	3.9	8	70.35	跨铁路
5	北京六环路跨丰沙铁路立交桥	双塔斜拉桥	15000	3.8	8	92	跨铁路
6	天津集疏港公路跨铁路桥	T 构桥	13300	3.8	8	61	跨铁路
7	郑州中心区铁路跨线桥	双塔斜拉桥	17100	4.0	8	60.5	跨铁路

2.3.3 球铰理论分析

球铰的构造几何尺寸设计要素包括球铰半径、转体质量及球铰支承半径等。确定球铰的几何尺寸是进行球铰理论分析的首要问题。

1. 球铰支承面投影半径

假定把球铰面按照水平投影面[4]来计算(图 2.11)，按如下步骤进行，可以粗略计算出球铰支承面的水平投影尺寸。

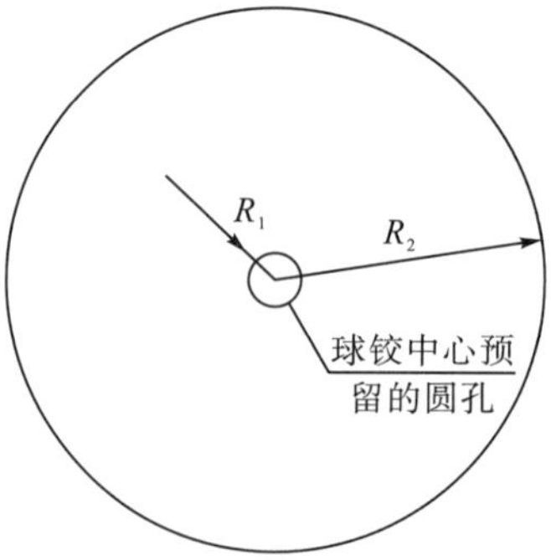

图 2.11 球铰水平投影平面

1) 确定球铰承受的压力 P

球铰承受的压力即球铰承受转体结构的全部重力，包括主梁转体结构和施工临时荷载的转体施工总重力。

2) 球铰承压面积 A

球铰承压面积 A 在水平面的投影应满足：

$$A \geqslant \frac{P}{k[\sigma_c]} \tag{2.1}$$

式中，$[\sigma_c]$ 为球铰周围混凝土的容许应力；k 为折减系数，由于受压的不均匀性，应考虑球铰表面积折减系数，一般 k=0.6～0.7。

3) 球铰尺寸的选用

因需要在球铰中心设置定位轴，故在球铰中心预留半径为 R_1 的圆孔，设球铰承压面的水平投影半径为 R_2，则

$$A = \pi\left(R_2^2 - R_1^2\right) \tag{2.2}$$

由式 (2.1) 和式 (2.2) 可以得

$$R_2 \geqslant \sqrt{\frac{P}{\pi k[\sigma_c]} + R_1^2} \tag{2.3}$$

因此，球铰投影半径应满足式(2.3)的要求。

2. 球铰的理论分析

对于球铰受力的计算是比较复杂且困难的，因为球铰的受力是高度状态非线性问题，且结构受力面为曲面，不是正常的平面受力，无法按照平面受力去计算。因此应采用弹性力学和接触力学方法进行球铰接触受力分析。

对于球铰这类半空间体在边界上受法向力的问题，可以采用弹性力学理论[5]进行研究。首先建立半空间体在边界上受法向集中力的示意图，如图 2.12 所示。假定：球铰接触面完全密合，球铰接触面只有径向力作用，满足弹性力学半空间体受力模式；半空间体曲面上的应力与 O 点附近边界上的面力合成平衡力系，接触面径向应力可以通过积分求解。

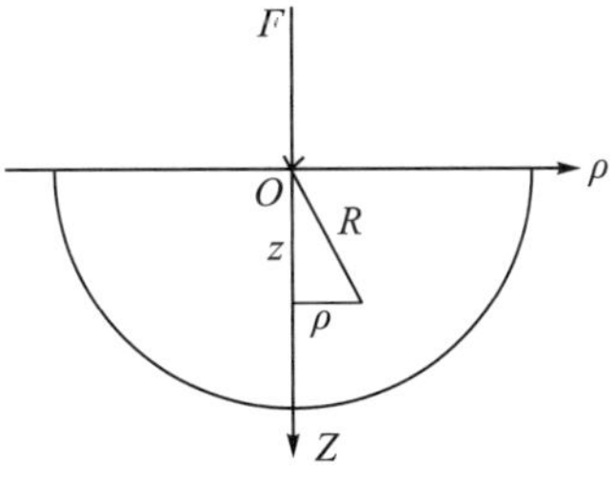

图 2.12　半空间体在边界上受法向集中力示意图

由图 2.12 得到一个受法向集中力 F 的半空间体，在忽略体力时，得到应力边界条件为

$$\begin{cases}(\sigma_z)_{z=0,\rho\neq 0}=0\\(\tau_{z\rho})_{z=0,\rho\neq 0}=0\end{cases}\tag{2.4}$$

根据边界上法向集中力的应力边界条件转换得到平衡条件：

$$\int_0^\infty(2\pi\rho\mathrm{d}\rho)\sigma_z+F=0\tag{2.5}$$

基于乐甫位移函数和弹性力学中的应力量纲，可以确定重调和函数。此处假设 ζ 是正比于一次幂的重调和函数 R ，则有

$$\zeta=A_1R=A_1\sqrt{\rho^2+z^2}\tag{2.6}$$

由此可以确定位移和应力分量的表达式：

$$\begin{cases}u_\rho=\dfrac{A_1}{2G}\dfrac{\rho z}{R^3},w=\dfrac{A_1}{2G}\left(\dfrac{3-4\mu}{R}+\dfrac{z^2}{R^3}\right)\\\sigma_\rho=A_1\left[\dfrac{(1-2\mu)z}{R^3}-\dfrac{3\rho^2z}{R^5}\right],\sigma_\phi=\dfrac{A_1(1-2\mu)z}{R^3}\\\sigma_z=-A_1\left[\dfrac{(1-2\mu)z}{R^3}+\dfrac{3z^3}{R^5}\right],\tau_{z\rho}=-A_1\left[\dfrac{(1-2\mu)\rho}{R^3}+\dfrac{3\rho z^2}{R^5}\right]\end{cases}\tag{2.7}$$

选用函数 $\psi=A_2\ln(R+z)$ 以满足结构边界条件，在函数 ψ 中 A_2 为任意常数。将 ψ 带入式(2.7)位移和应力表达式中，可得

$$\begin{cases}\mu_\rho=\dfrac{A_2\rho}{2GR(R+z)},w=\dfrac{A_2}{2GR}\\\sigma_\rho=A_2\left[\dfrac{z}{R^3}-\dfrac{1}{R(R+z)}\right],\sigma_\phi=\dfrac{A_2}{R(R+z)}\\\sigma_z=-\dfrac{A_2z}{R^3},\tau_{z\rho}=-\dfrac{A_2\rho}{R^3}\end{cases}\tag{2.8}$$

根据式(2.8)得

$$-\frac{A_1(1-2\mu)}{\rho^2}-\frac{A_2}{\rho^2}=0\tag{2.9}$$

即

$$A_1(1-2\mu)+A_2=0\tag{2.10}$$

将 σ_z 带入式(2.5)平衡条件方程：

$$4\pi（1-2\mu）A_1+2\pi A_2=F\tag{2.11}$$

联立式(2.10)和式(2.11)计算得

$$A_1=\frac{F}{2\pi},A_2=-\frac{(1-2\mu)F}{2\pi}\tag{2.12}$$

将式(2.12)带入位移及应力分量计算表达式(2.8)可得

$$\begin{cases} \mu_\rho = \dfrac{(1+\mu)F}{2\pi ER}\left[\dfrac{\rho z}{R^2} - \dfrac{(1-2\mu)\rho}{R+z}\right] \\ w = \dfrac{(1+\mu)F}{2\pi ER}\left[2(1-\mu) + \dfrac{z^2}{R^2}\right] \end{cases} \tag{2.13}$$

关于接触问题，通过利用摩擦学及接触力学原理将半空间等效为框架结构[6]，半空间体受到连续的法向压力 $p(x,y)$ 作用时，其表面竖向位移表达式为

$$\mu_z = \frac{1}{\pi E^*}\iint p(x',y')\frac{\mathrm{d}x'\mathrm{d}y'}{r} \tag{2.14}$$

式中，$E^* = \dfrac{E}{1-v^2}$，E 为弹性模量，v 为泊松比；$r = \sqrt{(x-x')^2 + (y-y')^2}$，为$(x',y')$应力点到$(x,y)$位移点之间的距离。

根据弹性力学原理，对于球铰转动接触面，可以假设其竖向压应力的分布模式为

$$p = p_0\left(1 - \frac{r^2}{a^2}\right)^n \tag{2.15}$$

式中，r、a和p_0分别为接触面上任意一点到接触中心的距离、接触半径和接触中心竖向压力。

按赫兹接触假设圆面内法向压力均匀分布，在不考虑球铰摩擦力影响的情况下，接触面法向位移为常数时，n 取 $-\dfrac{1}{2}$，计算图示如图 2.13 所示。

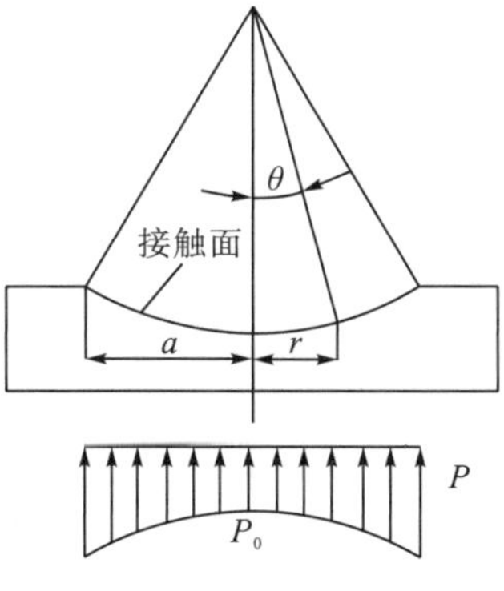

图 2.13　球铰接触面竖向压力分布图

由图 2.14 可知，球铰球面应力呈对称分布，因此球铰上任意一点的竖向位移只与 r 相关。A 点的位移可以由 B 点的应力确定，B 点的应力与 t 相关。t 由下式求得

$$t^2 = r^2 + s^2 + 2rs\cos\varphi \tag{2.16}$$

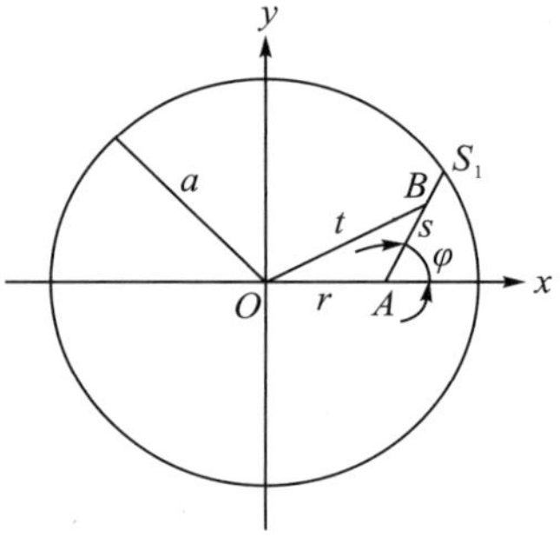

图 2.14 球铰接触面水平压力分布图

由式(2.15)得到压力分布为

$$p(s,\varphi)=p_0\left(1-\frac{r^2+s^2+2rs\cos\varphi}{a^2}\right)^{-\frac{1}{2}}=p_0a\left(\alpha^2-2\beta s-s^2\right)^{-\frac{1}{2}} \tag{2.17}$$

其中，令$\alpha^2=a^2-r^2$， $\beta=r\cos\varphi$，则竖向位移为

$$u_z=\frac{1}{\pi E^*}p_0a\int_0^{2\pi}\left[\int_0^{s_1}\left(\alpha^2-2\beta s-s^2\right)^{-\frac{1}{2}}\mathrm{d}s\right]\mathrm{d}\varphi \tag{2.18}$$

这里的s_1是方程$\alpha^2-2\beta s-s^2=0$的正根。在ds内的积分为

$$\int_0^{s_1}\left(\alpha^2-2\beta s-s^2\right)^{-\frac{1}{2}}\mathrm{d}s=\frac{\pi}{2}-\arctan\pi\left(\frac{\beta}{\alpha}\right) \tag{2.19}$$

由于有

$$\arctan\left[\frac{\beta(\varphi)}{\alpha}\right]=-\arctan\left[\frac{\beta(\varphi+\pi)}{\alpha}\right] \tag{2.20}$$

所以当式(2.20)关于φ积分时， $\arctan(\beta/\alpha)=0$ 。在F作用下，接触面的竖向位移由计算式(2.18)和式(2.19)得到：

$$u_z=\frac{\pi p_0a}{E^*} \tag{2.21}$$

整个接触面所有压应力为

$$F=\int_0^{r_0}p_0\left(1-\frac{r^2}{a^2}\right)^{-\frac{1}{2}}2\pi r\mathrm{d}r=2\pi p_0a^2 \tag{2.22}$$

根据式(2.22)可以得到接触面中心压应力为

$$p_0=\frac{F}{2\pi a^2} \tag{2.23}$$

整个接触面的平均压应力为

$$\overline{p}=\frac{F}{\pi a^2} \tag{2.24}$$

由式(2.23)和式(2.24)分析可以知，平均压应力为中心压应力的两倍。上面分析所得到的简化计算式(2.24)为球铰接触面平均压应力，即把球铰接触面简化为平面，从而进行球铰接触面的正应力计算[7]，现行规范[8]也是按照这种方法进行球铰接触面压应力的计算。然而，实际上球铰接触面为曲面，其所受应力分布比按平面计算要复杂得多。下面按照球铰接触面为曲面推导球铰接触面的应力公式。由弹性力学的知识可以知道，对于楔形体，中心角为 180°，楔顶受集中力 F 时，即可得到半平面体受到的径向应力的表达式：

$$\sigma_p = -\frac{2F}{\pi}\frac{\cos\varphi}{\rho} \tag{2.25}$$

式中，σ_p 为径向应力；F 为集中力；φ 为球面上某点的径向角度；ρ 为球铰的半径。

转体球铰接触面在恒载作用下的径向应力可以根据式(2.25)计算，球铰在静力作用下接触面应力计算的图示如图 2.15 所示。由式(2.25)可以得到，半平面体的径向应力与半平面体的半径成反比，与接触面上作用的位置与半平面体轴线夹角的余弦成正比。根据力的分解合成等效原则，得到球铰接触面上的正应力为

$$\sigma = f\cos\theta \tag{2.26}$$

式中，σ 为球铰接触面上的正应力；f 为球铰接触面上的径向应力，按式(2.25)计算；θ 为计算位置与球铰中心的夹角。

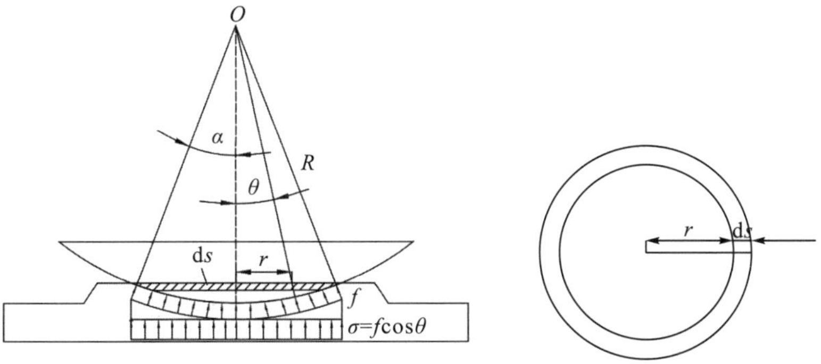

图 2.15　球铰接触面径向应力计算图示

当球铰上作用恒载 F 时，正应力曲面的积分合成平衡力系，利用微积分求解曲面的受力，由图 2.15 在距离球面中心 r 处选取一个微元体，可以得到以下关系：

$$F = \int_0^{\alpha} f\cos\theta\left(2\pi R\sin\theta R\cos\theta\right)\mathrm{d}\theta = 2\pi Rf\int_0^{\alpha}\sin\theta\cos^2\theta\mathrm{d}\theta \tag{2.27}$$

对计算式(2.27)积分可以得到：

$$F = \frac{2\pi fR^2}{3}\left(1-\cos^3\alpha\right) \tag{2.28}$$

由式(2.28)可以得到：

$$f=\frac{3F}{2\pi R^{2}\left(1-\cos^{3}\alpha\right)} \tag{2.29}$$

由式(2.26)和式(2.29)可以得到球铰接触外缘的正应力的理论表达式为

$$\sigma=\frac{3F\cos\alpha}{2\pi R^{2}\left(1-\cos^{3}\alpha\right)} \tag{2.30}$$

将球铰半径 R 换算为球铰平面半径 R_1，球铰半径 R 和球铰平面半径 R_1 的关系为

$$R_1=R\sin\alpha \tag{2.31}$$

由式(2.30)和式(2.31)可以得到球铰外缘正应力的表达式：

$$\sigma=\frac{3F\sin^{2}\alpha\cos\alpha}{2\pi R_1^{2}\left(1-\cos^{3}\alpha\right)} \tag{2.32}$$

通过式(2.32)分析可以得到以下结论：转体球铰在恒载 F 作用下，球铰外缘的正应力与恒载 F 成正比，与球铰平面半径的平方成反比，与球铰半径对应的夹角不成线性关系[9]。

2.3.4 转体牵引系统

转体牵引系统为转体提供动力，由牵引索、反力座及牵引控制系统组成。牵引索一般由钢绞线组成(图 2.16)，在清除了钢绞线表面的锈迹、油污后，埋设于上转盘，沿着既定索道逐根顺次对牵引索进行排列缠绕，穿过千斤顶。对钢绞线按照先内层后外层的原则进行逐根预紧，然后进行整体预紧，达到使同束牵引索每根钢绞线的夹持力大体一致的效果。为了避免由于钢绞线解旋力的作用，致使千斤顶活塞发生旋转，造成钢绞线扭成一束，需使每束牵引钢束左、右旋根数相

图 2.16 牵引索

同，假若所有钢绞线旋向相同时，应设置一块分丝板以确保张拉过程中不发生移动或者转动。牵引索的一端分别左、右旋缠绕至预埋的锚固点，锚固点锚具采用专用锚具，且具有防松、不回缩的夹持锚固功能。需在上转盘灌注时预埋入上转盘体内，伸出上转盘处宜与转盘相切，如图 2.17 所示。

图 2.17　上转盘锚固

牵引反力座(反力架)使用钢筋混凝土或型钢制作(图 2.18)，其预埋钢筋或型钢需较深地插入转体支承结构里面，转体支承结构、反力座需要同一时间浇筑混凝土，施工牵引反力座时，需注意槽口方向与牵引索方向一致。

图 2.18　牵引反力座(反力架)及千斤顶

转体的牵引力由液压千斤顶提供，为了保证整个转体过程平衡，无冲击颤动，对于转体系统，牵引控制系统是必不可少的。一般的牵引控制系统具有自动和手动双重功能，自动控制为主要功能，在正常转体施工时使用，手动控制主要用于调试各千斤顶的位置和转体构件的小距离运动。

2.4 牵引力计算

转体转动必须克服球铰上下铰面相对滑动所引起的摩擦力矩。牵引系统的选择也是根据转体结构所需要的牵引力而选择的，合理地选择牵引装置，可以降低造价，避免造成资源浪费，因此就需要计算所需要的牵引力。

球铰的球面半径和平面尺寸均较大，而矢高很小，可假定承重面为均匀圆平面，圆平面半径为 R_2，中间定位轴孔半径为 R_1，如图 2.19 所示。

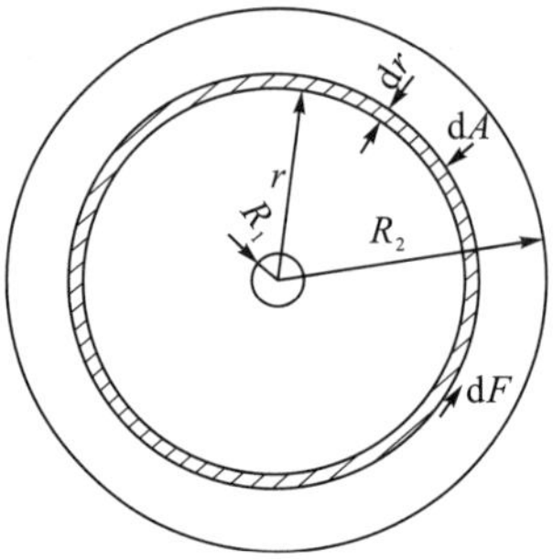

图 2.19 牵引力矩计算简图

设球铰承载力为 P，假定铰面均匀受压，则压应力为

$$q = \frac{P}{\pi(R_2^2 - R_1^2)} \tag{2.33}$$

在距离转动中心为 r 的圆周上，带宽为 dr 的圆环微面积 dA 上的竖向压力为

$$\mathrm{d}N = 2\pi rq\mathrm{d}r \tag{2.34}$$

当转体转动时，上下铰面发生相对滑动，设摩擦系数为 μ，则上述圆环微面积上的摩擦力为

$$\mathrm{d}F = \mu\mathrm{d}N \tag{2.35}$$

dF 对转动中心的力矩为

$$\mathrm{d}M = r\mathrm{d}F = \mu \cdot \frac{P}{\pi(R_2^2 - R_1^2)} \cdot 2\pi r \cdot \mathrm{d}r \cdot r \tag{2.36}$$

对整个圆平面积分，即得到转动必要的牵转力矩：

$$M = \int_{R_1}^{R_2} \mu \cdot \frac{P}{\pi(R_2^2 - R_1^2)} \cdot 2\pi r^2 \mathrm{d}r = \frac{2}{3}\mu \cdot P \cdot \frac{R_2^3 - R_1^3}{R_2^2 - R_1^2} \tag{2.37}$$

根据国内外转体桥梁的大量测试结果，在牵引力计算时，一般取静摩擦系数

$\mu_{静}=0.1$，动摩擦系数 $\mu_{动}=0.06$ 作控制计算。

转体启动所需要的牵转力矩：

$$M_1=\frac{2}{3}\mu_{静}\cdot P\cdot\frac{R_2^3-R_1^3}{R_2^2-R_1^2} \tag{2.38}$$

启动时平均每束牵引索的牵引力为

$$T_1=\frac{M_1}{2r_r} \tag{2.39}$$

式中，r_r 为转动中心到牵引索的距离。

转动中所需要的牵转力矩为

$$M_2=\frac{2}{3}\mu_{动}\cdot P\cdot\frac{R_2^3-R_1^3}{R_2^2-R_1^2} \tag{2.40}$$

转动中平均每束牵引索的牵引力为

$$T_2=\frac{M_2}{2r_r} \tag{2.41}$$

但是转体时实际是球铰和两个撑脚共同支承，因此应计算撑脚走板与滑道之间的摩擦。取摩擦系数为 μ 计算撑脚走板与滑道之间的摩擦力：

$$F_R=P_2\mu \tag{2.42}$$

式中，P_2 为撑脚支反力。

摩擦力 F_R 对转动中心的力矩：

$$M_R=F_R r_R \tag{2.43}$$

式中，r_R 为撑脚到球铰中心的距离。

考虑后撑脚走板与滑道之间的摩擦力后每束牵引索增加的牵引力：

$$\Delta T=\frac{M_R}{2r} \tag{2.44}$$

根据上式(2.44)可以得到球铰和撑脚共同作用下转动时及转动中平均每束牵引索所需要的牵引力，为选择牵引装置提供参考依据。

2.5　平衡配重原理

转体施工的桥梁必须具备安全稳定和易于转动两个关键条件，T 型悬臂梁在转动过程中，整个转动结构的重力全部落在球铰上，球铰处于单点支撑状态[10]。然而转体桥梁在转动时由于受到各因素的影响产生不平衡力矩，使转体结构在转动的时候很难处于平衡转动，这些因素包括施工过程中 T 构两侧悬臂梁质量及刚度分布不同、上下球铰测量定位误差、悬臂施工混凝土浇筑方量差、立模标高差、挂篮移动定位差、施工临时荷载及节段预应力施加不同[11]。因此需要进行称重试验，以便对结构进行配重，保证转体过程桥梁平衡和稳定，同时也为牵引力计算提供摩擦系数。

称重试验是在悬臂施工完成后解除上下转盘的临时锁定措施，在上下转盘间设置顶升千斤顶和压力传感器、位移传感器，测试球铰转动的桥体不平衡力矩及突变瞬间竖向位移。这种方法不受其他外界因素的影响，而且只考虑转动系统的刚体作用，不涉及桥体挠度、线形的影响，所以可以保证结果的精准度。

按整个转体的平衡姿态进行称重计算，转体不平衡表现为两种形式：一是转体的不平衡力矩大于球铰摩擦力矩时，转体发生了绕球铰的刚体转动，但是由于撑脚的作用使得转体处于平衡状态，整个转体结构在球铰、撑脚、不平衡力矩及球铰摩擦力矩保持平衡；二是转体的不平衡力矩小于球铰摩擦力矩时，转体不会发生绕球铰的刚体转动，此时，撑脚不参与转体的平衡，转体在球铰、不平衡力矩及球铰摩擦力矩作用下保持平衡[12]。无论是哪一种形式，在布置了位移传感器、压力传感器之后，辅助千斤顶，通过杠杆原理，均可求出不平衡弯矩。下面以第二种情况为例，介绍称重试验的过程。

假定整个转体桥向右侧发生梁体侧偏，在左右侧设置千斤顶，将左侧千斤顶保持不动，右侧千斤顶缓慢不断地加力，当力加到一定值时，整个转动体系就会发生微小的变化，如图 2.20 所示。

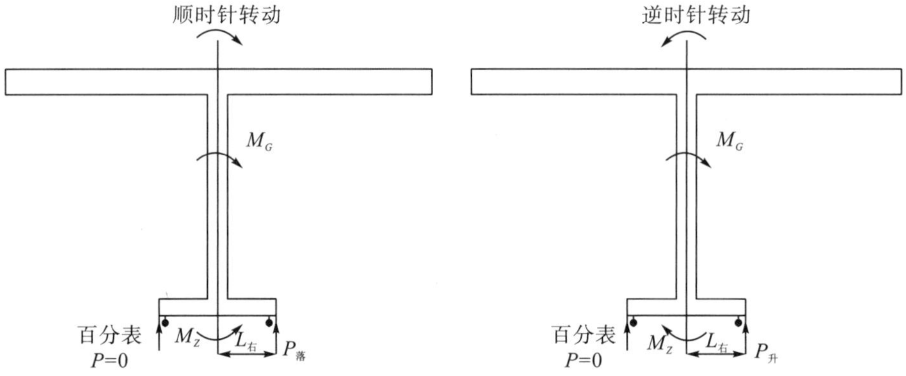

图 2.20 称重模拟图

右侧千斤顶降落时，梁体发生顺时针转动，有

$$P_{落}L_{右}+M_G=M_Z \tag{2.45}$$

右侧千斤顶顶升时，梁体发生逆时针转动，有

$$P_{升}L_{右}=M_G+M_Z \tag{2.46}$$

由式(2.45)和式(2.46)可以得到：

$$M_G=\frac{\left(P_{升}+P_{落}\right)L_{右}}{2},\quad M_Z=\frac{\left(P_{升}-P_{落}\right)L_{右}}{2} \tag{2.47}$$

式中，$P_{升}$、$P_{落}$ 分别为千斤顶升、落时撑脚的支反力；$L_{右}$ 为撑脚到转动中心之间的距离；M_Z 为整个转动系统(主要为球铰)的摩擦力矩；M_G 为整个转动体所受的不平衡力矩。

进一步可以求得转体的偏心距：

$$e=\frac{M_G}{N} \tag{2.48}$$

在 T 构重心偏离的相反一侧配重，使转体处于全平衡状态，即转体梁的重心线和球铰竖轴线重合，配重为

$$G=\frac{Ne}{L-l} \tag{2.49}$$

式中，G 为配重值；N 为转体重量；e 为转体偏心距；L 为悬臂长度；l 为配重点距悬臂端的距离。

称重试验时，将转动体球铰在沿梁轴线的竖平面内发生逆时针、顺时针方向的微小转动，即微小角度的竖转，则摩擦力矩为摩擦面每个微面积上的摩擦力对球铰中心竖转法线的力矩之和，如图 2.21 所示。

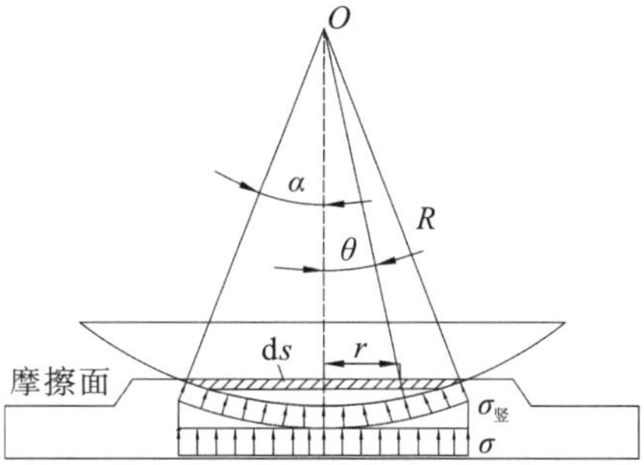

图 2.21　球铰静摩擦系数积分计算图

在球铰平面半径 r 处取微元体，作用在微元体上的摩擦力：

$$\mathrm{d}F=\mu\sigma\mathrm{d}A \tag{2.50}$$

式中，$\mathrm{d}A$ 为摩擦面面积；μ 为静摩擦系数；σ 为圆弧面上的应力，$\sigma=\sigma_{竖}\cos\theta=\dfrac{N\cos\theta}{\pi r^2\sin^2\alpha}$；$N$ 为转体重量。

该点球铰静摩擦力矩为

$$\mathrm{d}M_Z=R\cos\theta\mathrm{d}F \tag{2.51}$$

式中，R 为球铰球径。

根据几何关系和微积分公式，可得

$$M_Z=\frac{2\left(1-\cos^3\alpha\right)\mu NR}{3\sin^2\alpha} \tag{2.52}$$

由式(2.47)求出 M_Z，则由式(2.52)可以反算出球铰的摩擦系数 μ 。

在实际工程中，球铰的球面半径一般较大而矢高较小，将摩擦面近似按平面计算即可满足精度要求[13]。因此，球铰的摩擦系数可近似按照 $\mu=\dfrac{M_z}{NR}$ 计算。

2.6 转体稳定计算

在桥梁施工建设中，稳定性控制是一大重点，对于转体桥施工，保证其稳定性尤为重要。这既是因为转体桥梁都向着高墩、大吨位等技术难点发展，又是因为在施工过程中受力体系要经历多次转换，稳定性不易控制。需要通过稳定计算确定稳定性控制措施，并且将现场实测的应力应变情况与数值模型计算结果进行对比分析，为转动过程中的结构受力安全性提供预警机制，以保证其施工稳定性。

在转体过程中，转体的全部重力由球铰承担，但转体结构受外界条件或施工的影响容易出现倾斜。工程中一般通过采用安装撑脚和砂箱的方式来改善转体系统的稳定性，确保转体过程的安全可靠。转体桥由于其转铰结构的存在，进行转体前处于最大悬臂状态时，保证转动部分稳定的仅为上下球铰之间的摩擦力矩，在风荷载作用下易造成整体倾覆，因此应对结构进行抗倾覆、抗滑动验算[14]。

依据《铁路桥涵地基和基础设计规范》(TB 10002.5—2005)[15]，抗倾覆稳定性系数

$$K_0=\frac{s\sum P_i}{\sum P_ie_i+\sum T_ih_i}=\frac{s}{e} \tag{2.53}$$

式中，P_i 为各竖直力；e_i 为各竖直力 P_i 对检算截面中心的力臂；T_i 为各水平力；h_i 为各水平力 T_i 对检算截面的力臂；s 为截面重心至检算倾覆轴的距离；e 为力作用点至截面重心的距离。

抗滑动稳定系数为

$$K_c=\frac{f\sum P_i}{\sum T_i} \tag{2.54}$$

式中，f 为摩擦系数；其他参数意义同式(2.53)。

K_0 不得小于 1.5，临时施工荷载作用下不得小于 1.2；K_c 不得小于 1.3，临时施工荷载作用下不得小于 1.2。

由于转体结构及桥墩的迎风面积大，在转体过程中风荷载对结构稳定性的影响不可忽略。同时，由于转体结构的体积和质量较大，风荷载的动力效应不明显，因此仅将静风荷载作为水平力进行稳定计算。

我国铁路桥梁现行风荷载的计算依据是《铁路桥涵设计规范》(TB 10002.1—2005)(以下简称《铁路桥规》)，公路桥梁的现行风荷载计算依据是《公路桥涵设

计通用规范》(JTG D60—2004)(以下简称《公路桥规》)和《公路桥梁抗风设计规范》(JTG D60-01—2004)(以下简称《公路风规》)。以上 3 本规范均是以全国基本风压分布图给出的各地区的基本风压(速)为基础，结合桥梁设计基准期和重现期来给出桥梁的风荷载计算方法。3 本规范中风荷载的具体计算规定如下。

1.《公路风规》[16]

根据《公路风规》第 4.3.1 条规定：在横桥向风作用下主梁单位长度上的横向静阵风荷载按下列公式计算：

$$F_H = \frac{1}{2}\rho V_g{}^2 C_H H \tag{2.55}$$

式中，F_H 为作用在主梁单位长度上的顺风向等效静阵风荷载，N/m；ρ 为空气密度(kg/m^3)，可取为 1.25kg/m^3；V_g 为等效静阵风风速(m/s)，由式(2.56)计算可得；C_H 为主梁横向力系数，由式(2.58)计算可得；H 为主梁特征高度(m)，宜计入栏杆或防撞护栏及其他桥梁附属物的实体高度。

其中，等效静阵风风速 V_g 为

$$V_g = G_V V_Z \tag{2.56}$$

式中，G_V 为静阵风系数，按《公路风规》中表 4.2.1 取值，与水平加载长度(m)和地表类别有关；V_Z 为基准高度 Z 处的风速(m/s)，由式(2.57)计算可得。

桥梁构件基准高度处的设计基准风速 V_Z 为

$$V_Z = V_{s10}\left(\frac{Z}{10}\right)^{\alpha} \tag{2.57}$$

式中，V_Z 为桥梁构件基准高度为 Z 的设计基准风速，m/s；V_{s10} 为桥址处的设计风速，即地面或水面以上 10m 高，100 年一遇的 10min 平均年最大风速 V (m/s)，按《公路风规》附录 A 取值，也应考察实地情况；α 为地表粗糙度系数，可按《公路风规》表 3.2.2 取用。

其中，主梁横向力系数 C_H 为

$$C_H = \begin{cases} 2.1 - 0.1\left(\dfrac{B}{H}\right) & ,1 \leqslant \dfrac{B}{H} < 8 \\ 1.3 & ,8 \leqslant \dfrac{B}{H} \end{cases} \tag{2.58}$$

式中，B 为主梁断面全宽，m；H 为主梁投影高度，m。

2.《公路桥规》[17]

根据《公路桥规》第 4.3.7 条规定，横桥向风荷载标准值按下式计算：

$$F_{wh} = k_0 k_1 k_3 W_d A_{wh} \tag{2.59}$$

式中，F_{wh} 为横桥向风荷载标准值，kN；k_0 为设计风速重现期换算系数；k_1 为风载阻力系数；k_3为地形、地理条件系数；W_d为高度Z处的设计基准风压(kN/m^2)，按$W_d=\frac{1}{2g}\gamma V_d^2$计算，$\gamma$为空气重度(kN/m^3)，$V_d$为基准高度为$Z$的设计基准风速(m/s)，$V_d=k_2k_5V_{10}$，$k_2$、$k_5$分别为高度变化修正系数及阵风风速系数，按规范取值，基本风速V_{10}可查规范附录取得；A_{wh}为横向迎风面积(m^2)，按桥跨结构各部分的实际尺寸计算。

3.《铁路桥规》[18]

根据《铁路桥规》第4.4.1条规定，风荷载标准值计算公式为

$$W=K_1K_2K_3W_0 \tag{2.60}$$

式中，W_0为基本风压值（Pa），查规范附录可得，规范中按平坦空旷地面，离地面20m高，100年一遇的10min平均年最大风速v（m/s）通过公式$W_0=\frac{1}{1.6}v^2$计算确定；K_1为风载体形系数；K_2为风压高度变化系数；K_3为地形、地理条件系数；一般情况下W_0可按《铁路桥规》附录D"全国基本风压分布图"，并通过实地调查核实后采用。

在具体的风荷载计算中，根据全国基本风压图可查询桥梁所在地基本风压值，针对不同桥梁类型采用相应规范内容计算风荷载，同时也应该考虑桥梁结构所在环境地形、地貌、气候等特殊性，考虑合适风力等级或者适当加大风力等级来进行计算。转体施工中，正式转体时(悬臂状态)要求风力不超过6级，在计算过程中宜以最大风力计算桥梁的抗风能力以此保证桥梁的抗风稳定性。

2.7 平转体施工主要设备及人员配置

以大树村龙川江三线大桥转体施工为例，平转施工主要配套设备见表2.2。

表2.2 施工机械设备配备

名称	规格型号	数量	状态
平板运输车	北奔5920	1	良好
混凝土拌和站	HZS120	1	良好
混凝土输送泵	HBT60C	1	良好
混凝土运输车	北方奔驰	3	良好
菱形挂篮	120t	4	新购
空压机及小型风镐	W9/7-1	2	良好
弯箍机	WG12C00	2	良好
电焊机	BX1-400	4	良好

续表

名称	规格型号	数量	状态
钢筋切断机	RSGOL2	2	良好
插入式振捣器	ZB110-50	8	良好
抽水泵	H116M/Q	2	良好
塔吊	TC6013-6	2	良好
人行安全梯	星式 2438×1268	2	良好
全站仪	徕卡 TS06	2	良好
水准仪	徕卡 DNA03	3	良好
梁体模板	钢模	4	良好
吊车	25T	1	良好
洒水车	10T	1	良好
纵向张拉千斤顶	YCW250B	8	良好
竖向张拉千斤顶	YCW60A	4	良好

按照业主有关要求及施工组织计划，本着进度优先的原则，合理配置人力资源，保证施工有序进行，见表 2.3。

表 2.3　人员配备表

工种	人数/人	工作内容
常务副经理	1	负责本桥连续梁施工总指挥
生产副经理	1	负责本桥连续梁施工进度、安全、质量、文明施工
桥梁工程师	1	负责本桥连续梁技术指导、方案编制、技术交底、材料计划
质检工程师	1	负责本桥连续梁的施工质量监督、过程管控、质量检验和工程验收
安全工程师	1	负责本桥连续梁安全文明施工，既有线施工安全，安全培训与交底
试验工程师	1	负责试验检测工作，为施工提供依据
测量工程师	1	负责连续梁平面及高程施工控制、施工放线，协助线形监测
技术员	2	配合桥梁工程师做好技术交底及现场技术指导工作
安全员	6	配合安全工程师做好安全交底及培训工作，现场安全旁站
质检员	1	配合质检工程师做好施工质量控制，现场施工旁站
电焊工	8	钢筋、模板及其他焊接施工
领工员	2	负责现场施工人员安排、机械设备调配
塔吊司机	2	塔吊操作及保养
吊车司机	1	塔吊操作及保养
罐车司机	3	混凝土运输
起重工	2	起吊设备的调度及施工控制
钢筋工	20	钢筋加工制作成型、绑扎
挂篮(模板)工	20	挂篮定位、脱模、行走
混凝土工	10	混凝土振捣、养护
电工	1	保证施工用电
预应力张拉	6	管道定位、穿束、锚具安装、清孔、张拉

2.8　平转体施工工序

转体施工前，应进行专门施工组织设计，编制专项施工方案。以大树村龙川江三线大桥为例，其施工顺序如图 2.22 所示。

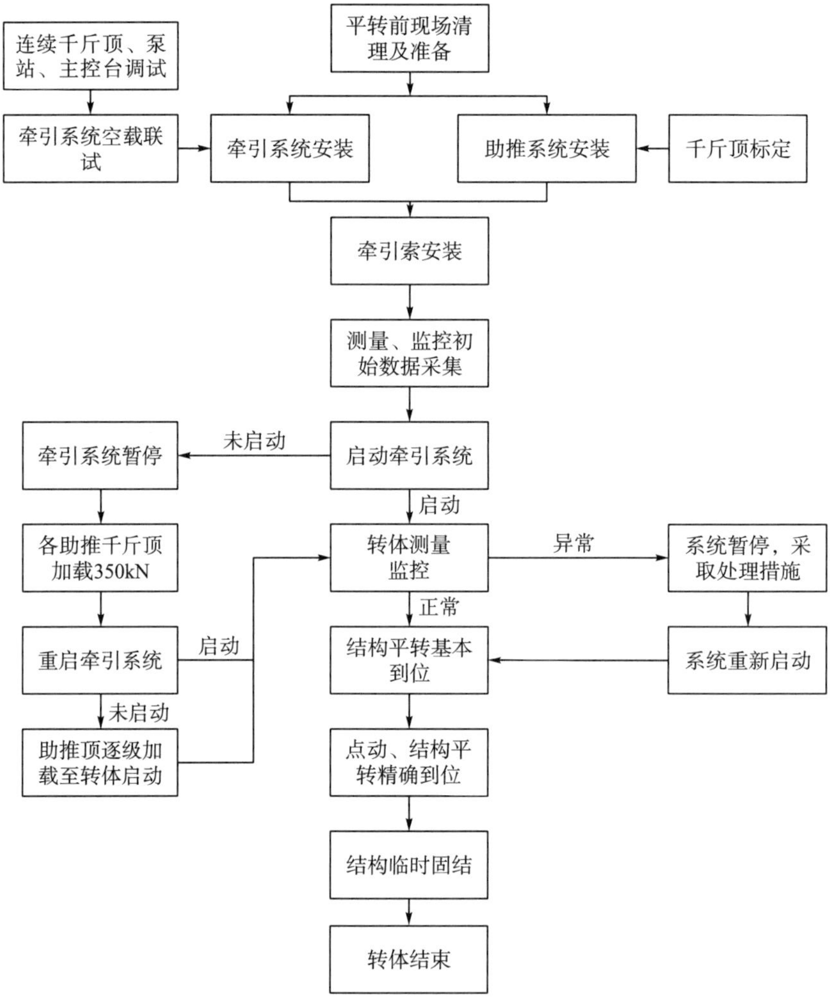

图 2.22　大树村龙川江三线大桥施工顺序

转体系统施工工艺流程如图 2.23 所示。

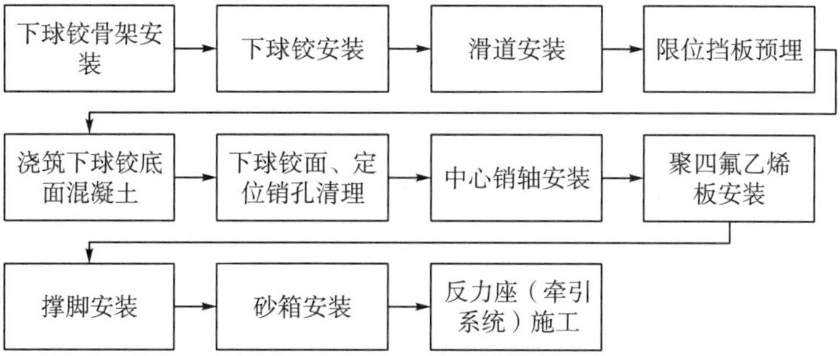

图 2.23　转体系统施工工艺流程

参考文献

[1] 罗鹏. 秦皇岛城市西部快速路跨京哈铁路桥梁转体施工技术[D]. 成都: 西南交通大学, 2011.

[2] 车晓军. 平转法施工桥梁转动球铰受力精细化分析及平衡控制研究[D]. 武汉: 武汉理工大学, 2015.

[3] 陈宝春, 孙潮, 陈友杰. 桥梁转体施工方法在我国的应用与发展[J]. 公路交通科技, 2001, 18(2): 24-28.

[4] 张联燕, 谭邦明. 桥梁转体施工[M]. 北京: 人民交通出版社, 2002.

[5] 徐芝纶. 弹性力学[M]. 北京: 高等教育出版社, 2008.

[6] 瓦伦丁 • L. 波波夫. 接触力学与摩擦学的原理及其应用. 李强, 雒建斌, 译. 北京: 清华大学出版社, 2011.

[7] 车晓军, 周庆华, 关林坤. 转体施工桥梁大吨位球铰径向应力计算方法优化研究[J]. 武汉理工大学学报(交通科学与工程版), 2014, 38(02): 356-358.

[8] 中华人民共和国交通部, 中交第一公路工程局有限公司. JTG/T F50—2011, 公路桥涵施工技术规范[S]. 北京: 人民交通出版社, 2012.

[9] 马朝旭. 客运专线跨铁路连续梁平转法施工力学特性分析研究[D]. 兰州: 兰州交通大学, 2014.

[10] 张雪松, 王慧东. 西柏坡高速 2×67m 同步转体曲线 T 构称重试验研究[J]. 石家庄铁道大学学报(自然科学版), 2013, 26(3): 23-26.

[11] 翟鹏程. 转体梁施工中的不平衡问题及风致振动研究[D]. 北京: 北京交通大学, 2008.

[12] 杨永强. 邢衡高速公路立交桥上跨既有线转体称重试验研究[J]. 铁道建筑, 2013(08): 41-43.

[13] 魏峰, 陈强, 马林. 北京市五环路斜拉桥转动体不平衡重称重试验分析[J]. 铁道建筑, 2005(04): 4-6.

[14] 尚海涛. 平转法转体在铁路桥梁施工中的应用研究[J]. 铁道工程学报, 2013, 30(01): 29-34+84.

[15] 中华人民共和国铁道部, 铁道第三勘察设计院. TB 10002. 1—2005, 铁路桥涵地基与基础设计规范[S]. 北京: 中国铁道出版社, 2005.

[16] 中华人民共和国交通部, 中交公路规划设计院. JTG/T D60-01—2004, 公路桥梁抗风设计规范[S]. 北京: 人民交通出版社, 2004.

[17] 中华人民共和国交通运输部, 中交公路规划设计院. JTG D60—2015, 公路桥涵设计通用规范[S]. 北京: 人民交通出版社股份有限公司, 2015.

[18] 中华人民共和国铁道部, 铁道第二勘察设计院. TB 10002. 1—2005, 铁路桥涵设计基本规范[S]. 北京: 中国铁道出版社, 2005.

第3章　大吨位高墩墩中转体体系设计

3.1　工 程 概 况

本章以大树村龙川江三线大桥为依托，详细说明大吨位高墩墩中转体体系的构造和设计方法。

3.1.1　工程背景

1970年建成的成昆铁路是西南地区的铁路大动脉，但由于当时受经济条件所限，铁路的设计建设标准偏低，为单线双向通行。2000年，成昆铁路全线电气化建设完工，运输能力大为提高。随着四川经济的快速发展，特别是随着400万吨攀钢西昌钒钛基地项目的建设和独特旅游资源的开发，铁路运力已远远不能满足攀西地区客、货运输的需要，未来更有可能严重影响和制约四川成都、攀枝花等地的经济发展，因此建设成昆铁路复线势在必行。成昆铁路复线将是成都南向出川的重要通道之一，线路建成后北接宝成铁路、成渝铁路，南连贵昆铁路，直接到达广西沿海，与东南亚铁路接轨。这一重要出川通道形成后，将带动攀西地区经济发展。铁路沿线有丰富的水能资源、矿产资源、农副产品资源、旅游资源和已经开工建设的特大型钒钛综合利用项目，成昆铁路复线全线建成后，一方面方便当地老百姓的出行，另一方面将加快攀西地区优势资源开发。此外，由于成昆铁路所经地区地质条件恶劣，滑坡、泥石流等地质灾害时有发生。一旦发生灾害或事故，成昆铁路沿线客货运将陷入瘫痪，而成昆铁路复线的建设将使这一状况得到根本改善。

成昆铁路复线北起四川省成都市，南至云南省昆明市，是在既有成昆铁路的基础上新建或增建二线的快速铁路，线路大部分沿着既有线行进，部分路段采取截弯取直，比老成昆线(全长1091km)缩短了近200km。全线分为成都至峨眉段、峨眉至米易段、米易至攀枝花段、永仁至广通段、广通至昆明段，采取分段施工的方式进行改造。复线线路全长900km，其中四川境内632km。工程竣工后，新铁路线将主要承担客运功能，兼顾货运功能，老成昆线将主要承担货运功能和短途客运功能。成昆铁路复线计划2022年完工，届时成都至昆明将有望6h左右到达。

永仁至广通段扩能改造工程属于成昆线南端的一部分，起于云南省永仁县境内的川、滇省界处，向南经永仁县、元谋县，至禄丰县大树村站，止于广通镇。

本段新建正线长 92.009km，元谋西改建既有线 2.508km，大树村(不含)至甸尾(含)线路长 28.430km，甸尾至广通北上行线线路长 2.313km，甸尾至广通北下行线线路长 0.445km。项目所经地区地层岩性较为单一，分布最广的地层为白垩系(K)、侏罗系(J)紫红色砂泥岩地层，集中分布于线路的两端；上白垩统江底河组第 3 段(K2j3)含盐地层分布广泛，该地层岩性以薄层状砂质泥岩、灰质泥岩为主；变质岩地层，岩性以大理岩、千枚岩、片岩及石英岩为主。线路近场区位于扬子准地台，具典型的基底和盖层双层结构，元谋以北构造运动不甚强烈，主要由白垩系地层保留了后期的构造形迹；元谋以南(DK690 以南)构造运动相对强烈。

工程设计为国家Ⅰ级电气化双线铁路，速度目标值为 160km/h；全段新建车站 4 个(永仁、新康、元谋西、大树村)，改建车站 2 个(甸尾、广通北)。

云南省境内的永仁至广通段已于 2013 年 12 月 18 日开工。

主要技术标准如下。

(1)铁路等级：国铁Ⅰ级。

(2)正线数目：双线。

(3)路段旅客列车设计行车速度：160km/h。

(4)最小曲线半径：一般地段 2000m，困难地段 1600m。

(5)限制坡度：6‰，加力坡 13‰。

(6)到发线有效长度：850m，双机地段 880m。

(7)牵引种类：电力。

(8)牵引质量：4000t。

(9)闭塞类型：自动闭塞。

改建铁路成昆线永仁至广通段扩能工程 DK725+123 大树村龙川江三线大桥(图 3.1、图 3.2)，位于黑井镇大树村龙川江河谷内，为大树村车站内桥梁，线间距为 5.0m，起止里程为 DK724+854.65～DK725+315.45，采用 5×32m+52m+88m+52m 连续梁+1×24m+2×32m 孔跨布置，在 DK725+113.02 处上跨既有成昆线，交叉角度为 22.8°。桥位所在地域立体气候明显，平均气温为 18.7℃，海拔为 1540m，年平均降水量为 857mm，年均最低气温为 9℃，最高月平均气温为 27.6℃，全年无霜期为 325 天，年日照 1848h，积温 7774.8℃。

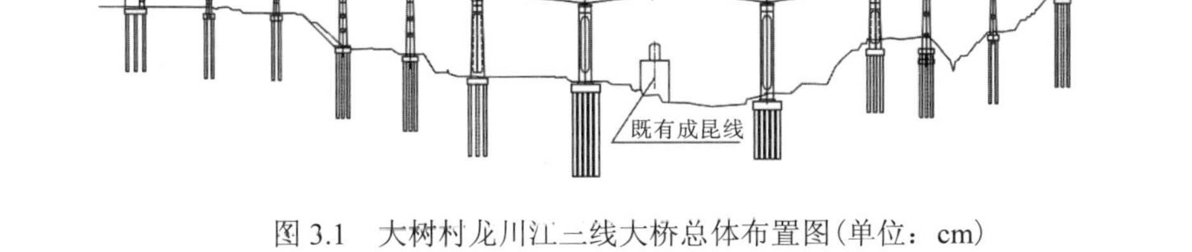

图 3.1　大树村龙川江三线大桥总体布置图(单位：cm)

图 3.2　大树村龙川江三线大桥(主桥)

3.1.2　主桥结构设计

本桥主跨三线连续梁采用整孔箱梁，梁体为单箱双室、变高度、变截面直腹板箱梁，挡砟墙内侧净宽 14.5m，桥面板宽 14.9m，梁体全长 193.5m。边支点中心线到梁端为 0.75m，支点横桥向中心距为 9.0m。支墩处梁高均为 7m，跨中及边跨梁端处梁高为 4m。梁体下缘除中跨中部 10m 梁段和边跨端部 13.75m 梁段为等高直线段外，其余为二次抛物线 $f(x)=4+x^2/432$ 。连续箱梁顶板宽 14.9m，底板宽 11.0m。除边跨梁端顶板厚由 45cm 渐变至 60cm 外，其余梁段顶板厚 45cm。底板厚 42～100cm，边跨腹板厚由 40cm 线性变化至 70cm，中跨腹板厚由 40cm 变化至 70cm。梁体在端部、支墩处共设 4 道横隔板，横隔板中部设有孔洞，以利人员通过，主梁结构如图 3.3 所示。

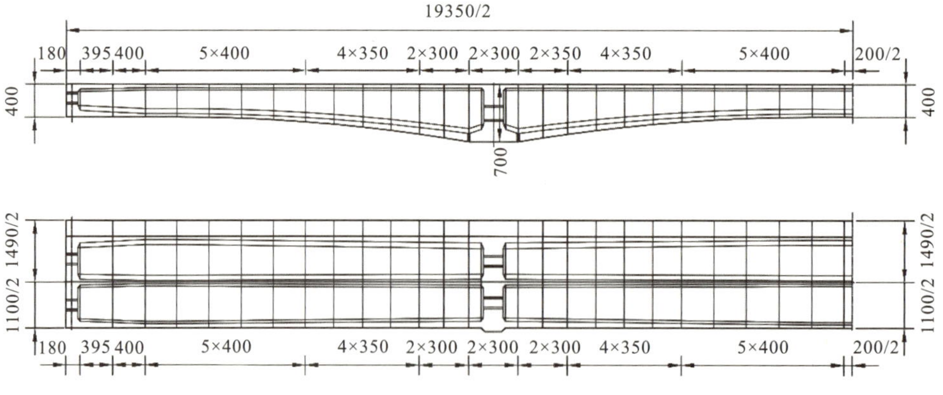

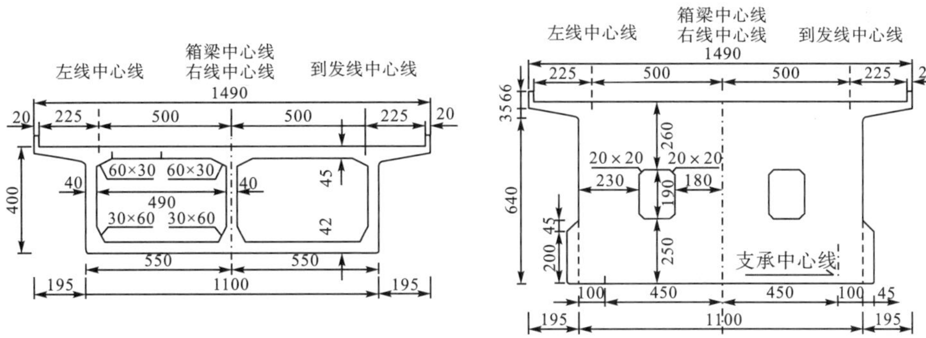

(a)墩顶截面　　　　(b)跨中截面

图 3.3　主梁构造示意图(单位：cm)

3.1.3　施工方案设计

永广铁路 DK725+123 大树村龙川江三线大桥，原设计方案采用悬臂挂篮现浇施工工艺。经踏勘，大树村龙川江三线大桥两端地势险峻，桥梁受大树村隧道、大树村车站、骄子山隧道及线路高程控制。挂篮现浇方案经现场放样后，其正投影与既有成昆线交叉范围约为 51m，梁底至既有线轨面的距离约为 28m(至龙川江河底约 51m)，6 号墩和 7 号墩合龙段梁底离接触网的垂直高度为 22.78m。6 号墩线路左侧梁面离既有铁路人行道板的水平距离为 6.49m；7 号墩线路右侧梁面离既有铁路人行道板的水平距离为 7.92m，如图 3.4 所示。由于受现场沟谷地形限制，不具备防护棚架施工条件，且无法对既有线进行全封闭物理隔离。同时，采用悬臂挂篮现浇工艺施工，吊篮移动及混凝土浇筑均需要进行封锁施工，初步估算需要 50 个以上停电封锁成昆线施工天窗，施工周期大约为 360 工作天，对既有线运营影响较大，既有成昆铁路客运、货运极为紧张，中断铁路行车将严重影响铁路运输，且存在混凝土漏浆污染既有设备和高空坠物等安全隐患，安全风险压力较大。

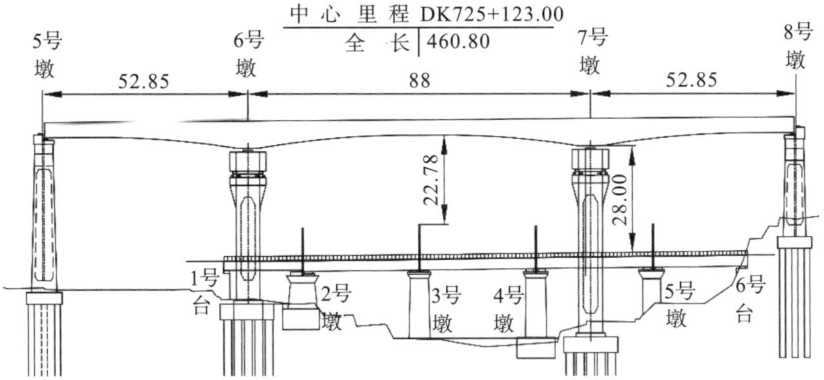

(a)立面

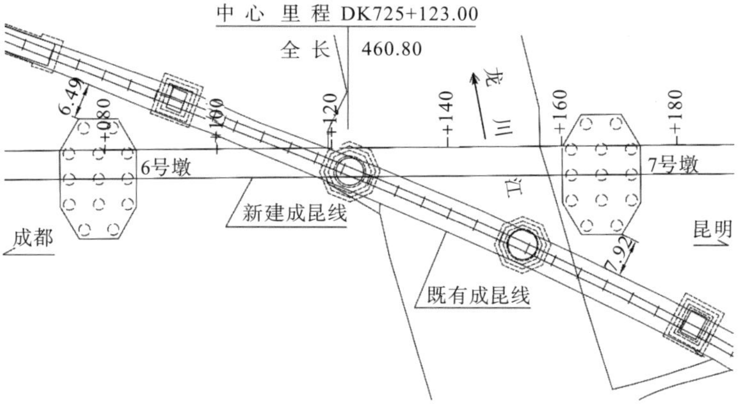

(b)平面

图 3.4 挂篮现浇方案与成昆线位置图(单位：cm)

同时依据原铁道部《关于进一步加强跨线桥施工安全的通知》(建工电〔2010〕137 号)中“在水平转体施工、顶推法施工、悬臂浇筑法施工和支架现浇法施工等方法中，应优先采用水平转体法施工方案”的要求，施工建议采用 2×43m 水平转体法设计方案(图 3.5)。该方案能把安全风险降至最低，最大限度地减少停电封锁施工天窗，避免混凝土漏浆污染既有设备和高空坠物等安全隐患，保证施工进度。

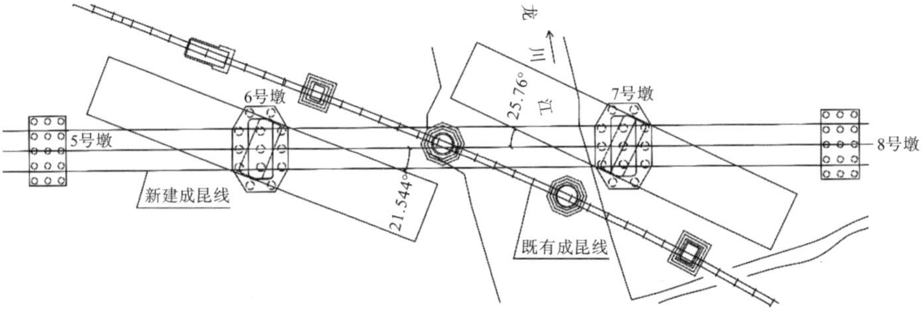

图 3.5 水平转体法方案

3.1.4 转体位置的比选

按照常规转体施工采用墩底或墩顶转体。

1. 墩底水平转体方案

桥梁桩基 6 号墩、7 号墩需增加桩基础，加大承台至 20.80m×18.96m，与既有桥墩的最小距离为 3.23m，主墩采用空心墩，墩底设置转盘，钢球铰直径为 4.0m。水平转体质量初步估算约为 14000t。

该方案可在地面附近安装钢球铰，操作较为简便，但是由于水平转体质量较大，重心较高，距既有线较近，安全风险相对较大，且增加投资较多。

2. 墩顶水平转体方案

可保持原设计桩基、承台不变，与既有桥墩的最小距离为 5.49m，主墩采用空心墩，墩顶加宽至 14.35m×9.2m，墩顶设置转盘，钢球铰直径为 3.0m。水平转体质量初步估算约为 7350t。投资估算约增加 770 万元。

这种方案存在如下问题：

(1) 墩身较高。龙川江三线大桥 6 号墩高 38m，7 号墩高 47m。这在国内转体桥高度中很少见。

(2) 转铰销轴直径为 270mm，轴空直径为 280mm，有 10mm 的固定间隙，在最坏的情况下，竖轴角度偏差将达到 3′，以 7 号墩为例，墩顶倾斜将达到 24cm，质量风险较高。

(3) 墩身与墩顶采用支座连接，作业空间小。连续梁支座与垫石组合高度为 90cm。在该作业空间下，球铰无法安放。若采用墩顶转体，对桥梁整体的结构改动较大。

3. 墩中水平转体方案

基于以上原因，本桥创新性地提出了墩中水平转体方案，如图 3.6 所示。墩中转体为新型的转体结构型式，风险相对较小，距既有线较远，且增加投资较少。

图 3.6　墩中水平转体方案

3.2　墩中转体转动系统构造

转体的基本原理是转动梁体重量通过上墩柱传递于上转盘再传递到上球铰，上球铰通过球铰间的聚四氟乙烯板传递至下球铰和下墩柱。待箱梁主体施工完毕以后，脱空沙箱将梁体的全部重量转移至球铰，然后进行称重和配重，利用埋设在上转盘中的钢绞线作为牵引索、利用千斤顶作用于反力座后牵引张拉钢绞线，克服上下球铰之间及撑脚与下滑道之间的动摩擦力矩，使桥体转动到设计线位[1]。本项目采用墩中转体的新施工方案，与传统的墩顶或墩底转体施工存在较大的差异，需要对转体系统进行重新设计和计算。

3.2.1　转体系统主要构造

转体系统一般由上下球铰、撑脚、滑道、定位骨架、牵引系统等组成，如图 3.7 所示。转体系统以球铰支承为主，采用钢球铰，分为上、下两片，在专业厂家定制。在下墩身顶面设置下转盘，盘内设置下球铰、滑道、球铰定位骨架、砂箱、牵引系统、转体定位限位装置。上转盘设置撑脚，撑脚起抗倾覆作用，保证转体时转动体的稳定。撑脚下设滑道，转体时撑脚可以在滑道内滑动，整个滑道应为同一水平面，相对高差不得大于 0.5mm。转体系统设计承载力为 73500kN，采用液压同步千斤顶作为牵引动力施加转动力矩。本项目采用墩中转体，由于桥墩截面面积不足以支撑整个转体系统，因此要对传统的转体系统进行改造，扩大桥墩支撑面[2]。本桥墩中转体系统结构如图 3.8 至图 3.10 所示。

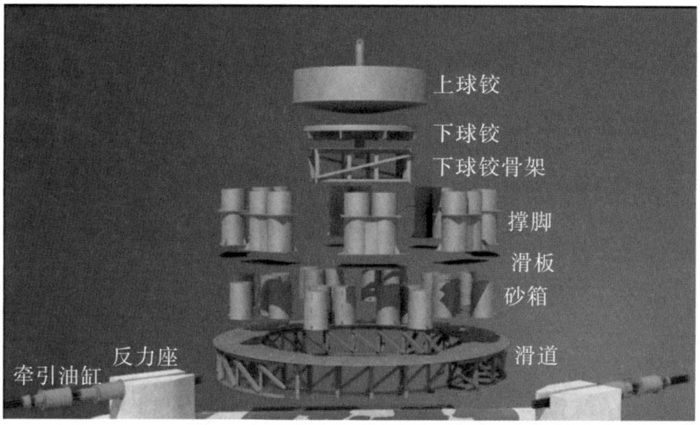

图 3.7　转体系统

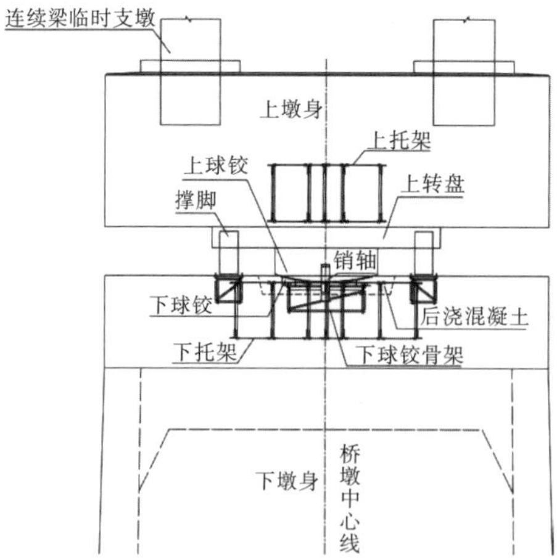

图 3.8　墩中转体结构正面布置图

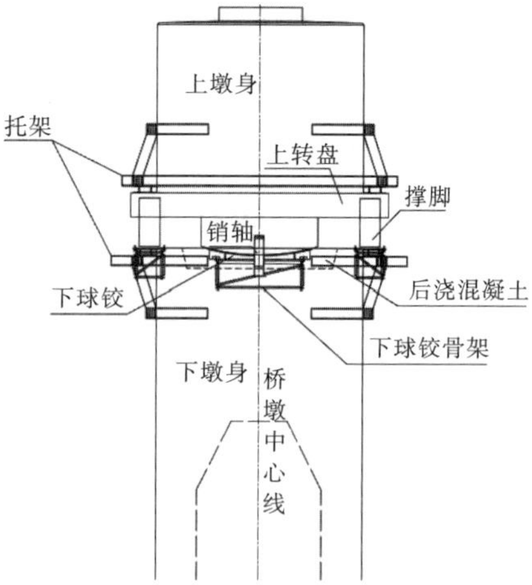

图 3.9　墩中转体结构侧面布置图

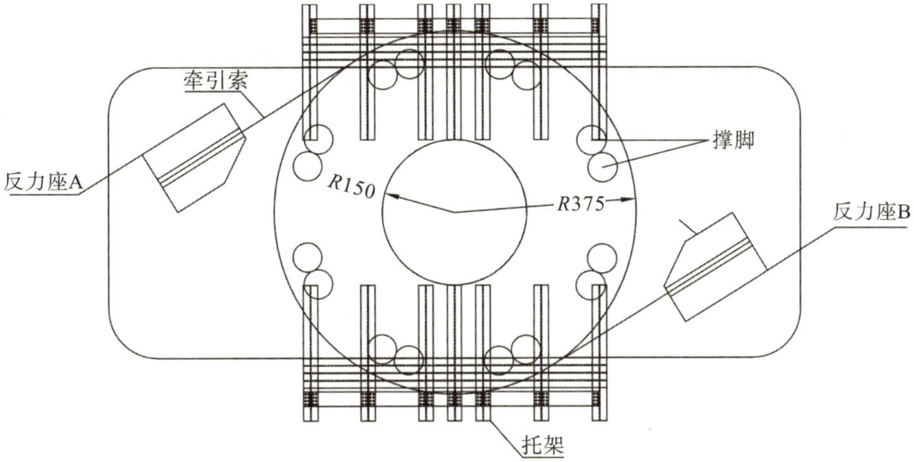

图 3.10　墩中转体结构平面布置图(单位：cm)

3.2.2　球铰

下转盘位于下墩柱顶面内，是支撑转动体全部重量的基础部分，以承压为主，采用 C50 混凝土分层浇筑而成，浇注时应加强养护以控制温度变形及裂缝。球铰是转动体系的核心，下转盘内预埋了下球铰及其附属构件，如图 3.11 所示。

图 3.11　下球铰及其附属构件

1. 球铰构造

球铰由上球铰、下球铰、销轴、型钢定位骨架、聚四氟乙烯板等组成，如图 3.12 所示。

球铰平面半径为 1.5m，球面半径为 8m。球面板采用 Q345 钢板，加强肋板采用 Q235 钢板，销轴采用 45 锻钢。

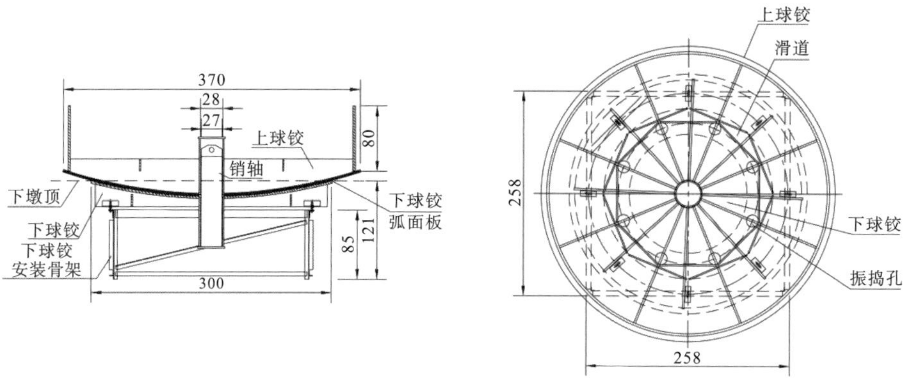

图 3.12 球铰(单位：cm)

球铰制造应满足以下要求：

(1)转体球铰各零件的外形尺寸及公差使用钢直尺、卷尺测量，应符合设计图纸的要求。

(2)转体球铰各零件的组焊应严格按焊接工艺要求操作，并采取措施控制焊接变形。焊缝应光滑平整，无裂纹、咬边、气孔、夹渣等缺陷。

(3)球铰上、下盘的球面板允许采用两块钢板拼焊制成。钢板拼焊时应开坡口。

(4)球铰上、下盘的球面板采用压制成型，成型后与放射筋及环形筋组焊，焊后进行退火处理。

(5)与球铰上、下盘焊接的定位轴套管中心轴应与转动轴重合，且钢管中心轴与球面截面圆平面保持垂直，其倾斜度不大于 3‰。

2. 球铰安装骨架

下转盘施工时预埋下球铰安装骨架，保证安装精度，钢筋布置要避开球铰骨架及下套筒，同时为下球铰安装预留槽口。下球铰安装骨架构造如图 3.13 所示。

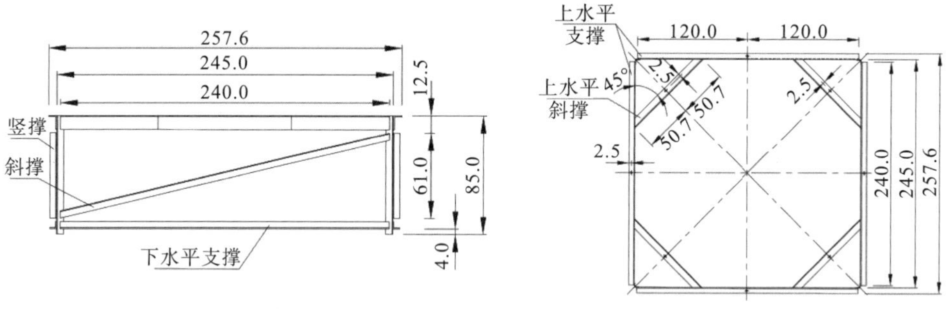

(a)立面　　(b)平面

图 3.13 下球铰安装骨架构造图(单位：cm)

3. 聚四氟乙烯板

下球铰安装完成后，墩柱剩余空间浇筑 C50 微膨胀混凝土，同时为滑道预留槽口。聚四氟乙烯板安装在下球铰表面上(图 3.14)，其容许压应力不小于 100MPa，滑动摩擦系数不大于 0.08(脂润滑)。

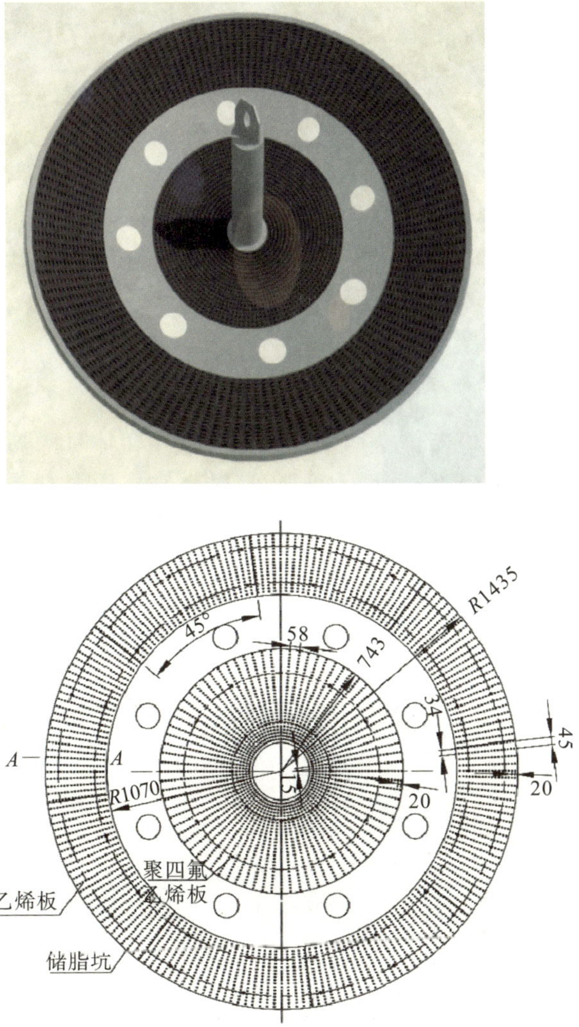

图 3.14 聚四氟乙烯板(单位：cm)

4. 销轴

销轴是直径为 270mm，长度为 1110mm 的实心钢轴，如图 3.15 所示。下球铰套筒为 Φ280mm 的钢筒与下球铰相连。

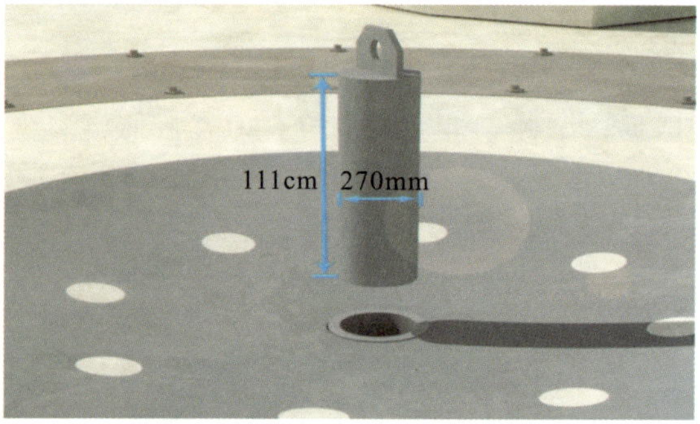

图 3.15 销轴

上盘采用 C50 混凝土，牵引盘高 0.7m，直径为 7.5m，总高度为 1.6m。上盘施工时应预埋上球铰、撑脚及牵引索锚固端，铰盘钢筋布置应避开上套筒，上盘纵横向钢筋应在撑脚处打断，撑脚预埋时应保持竖直。

3.2.3 撑脚及滑道

撑脚为转体时支撑转体结构平稳的保险腿，转体时撑脚可在滑道内滑动，同时也承受转体过程中的不平衡力，以保持转体结构平稳。上转盘共设 8 个撑脚，如图 3.16 所示。撑脚支撑力、位置经过计算，构造满足要求，多个撑脚底部水平高程高差不得大于 2mm。撑脚采用钢管混凝土结构，Q345d 钢管厚度为 16mm，外径为 60cm，内填 C50 微膨胀混凝土。钢管下设 3cm 厚钢走板，走板下设 5mm 聚四氟乙烯板，走板底面加工精度为 3 级。

图 3.16 撑脚示意图

下墩身施工时精确定位并预埋滑道骨架，如图 3.17 所示。2.4cm 厚环形钢板通过螺栓与骨架连接并精调高度，钢板上焊接 3mm 厚不锈钢板，聚四氟乙烯板与不锈钢板间形成滑动面，保持撑脚与滑道间的缝隙为 12mm，如图 3.18 所示。

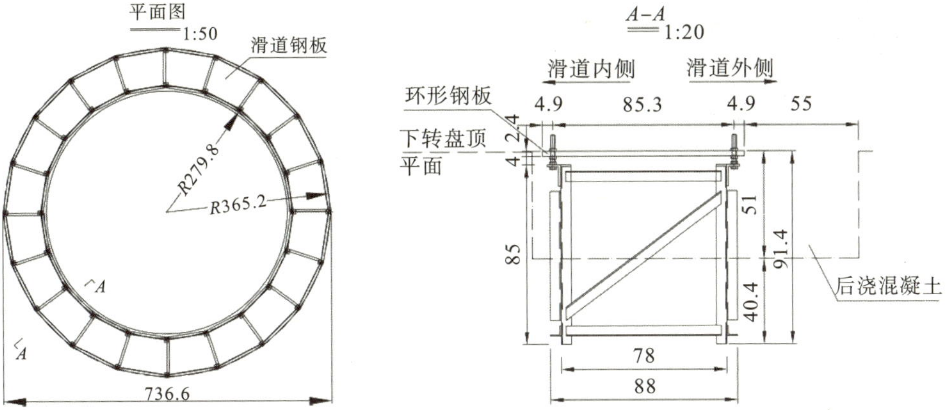

图 3.17　滑道骨架(单位：cm)

图 3.18　滑动面

3.2.4　纵向加宽及托架

本桥与既有成昆线相交，斜交角度较小，拟建铁路路幅较宽(14.9m)，采用的是大吨位高墩墩中转体方法。转体施工的核心为转体球铰的施工，由于该桥的球铰位于离地面很高的位置，且球铰施工的空间比较小，给球铰的施工增加了难度。同时，转体体系的尺寸大于桥墩纵向尺寸，在转体过程中桥墩无法为球铰提供必要的支撑。因此，专门设计了托架为桥墩提供纵向加宽(图 3.19、图 3.20)，托架不仅给球铰提供了施工空间，降低了球铰施工的难度，提高了施工效率，而且还提高了球铰结构的强度，从而保证了转体的顺利完成。

图 3.19 托架示意图

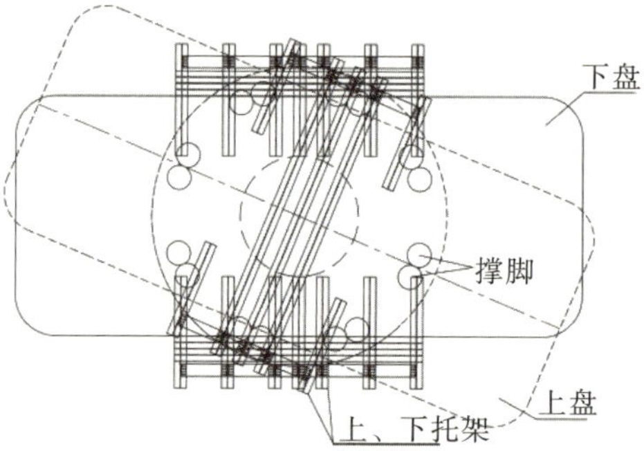

图 3.20 托架平面图

托架分为转体下托架和转体上托架两个部分，如图 3.21 所示。下托架主要支撑环道，上托架主要支撑撑脚，如图 3.22 所示。

图 3.21 上、下托架结构示意图

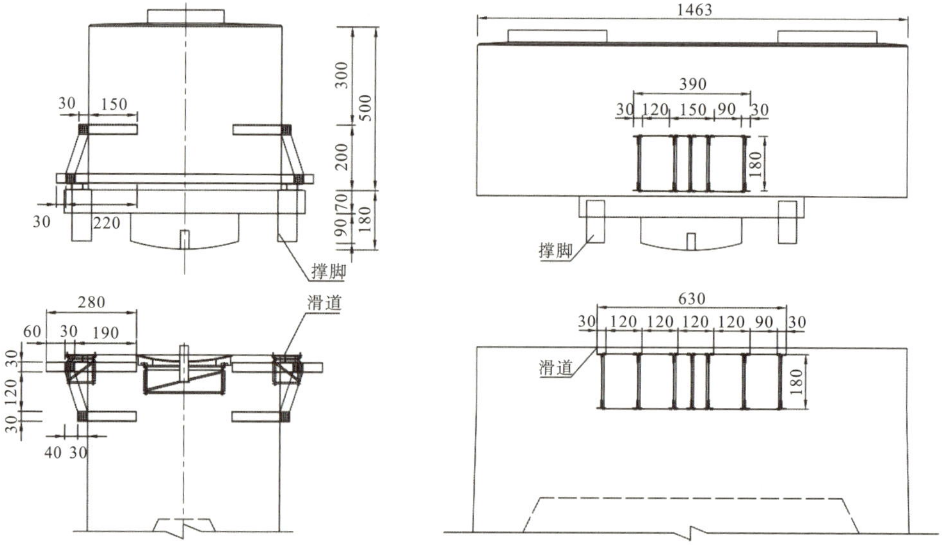

图 3.22 上、下托架布置图(单位：cm)

3.2.5　牵引系统

转体牵引系统如图 3.23 所示。在浇筑上转盘时先预埋 P 型锚具，将牵引索分散埋入，其中牵引索锚固端埋入转盘 4.0m 以上，并圆顺地缠绕在转盘上，牵引油缸为连续平转油缸，牵引油缸固定在牵引反力座上加载。平转时，先后要克服球铰静摩擦扭矩和动摩擦扭矩，摩擦扭矩由牵引油缸的牵引力扭矩克服。

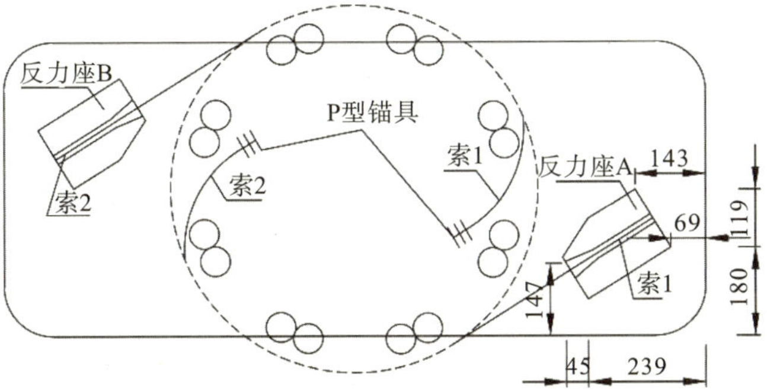

图 3.23　牵引系统布置图(单位：cm)

本桥牵引动力系统为计算机控制液压同步提升系统，由钢绞线及连续牵拉油缸(承重部件)、液压泵站(驱动部件)、传感检测及计算机控制(控制部件)、远程监视系统等部分组成，如图 3.24 所示。

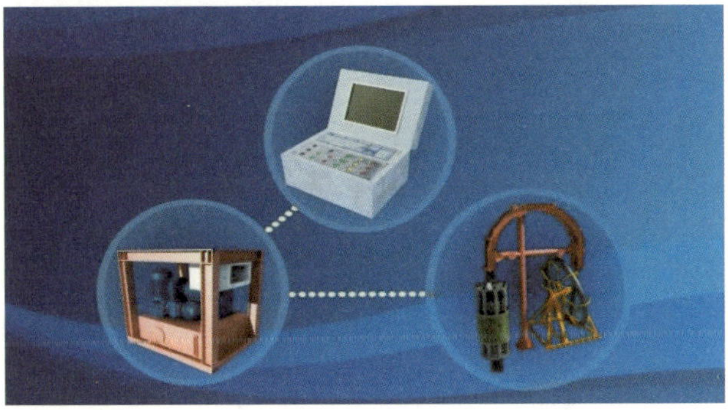

图 3.24　牵引动力系统组成

1. 承重部件

钢绞线及连续牵拉油缸是系统的承重部件，用来提供转动牵引力。根据牵引拉力的大小来配置连续牵拉油缸的数量，每个牵拉点中油缸可以并联使用。

(1) 钢绞线采用高强度低松弛预应力钢绞线，公称直径为 17.24mm，抗拉强度为 1860MPa，破断拉力为 260.7kN，伸长率在 1%时的最小载荷为 221.5kN，每米质量为 1.1kg。钢绞线符合国际标准 ASTMA416－87a，其抗拉强度、几何尺寸和表面质量应得到严格保证。为了避免由于钢绞线解旋力的作用，致使千斤顶活塞发生旋转，造成钢绞线扭成一束，需使每束牵引钢束左、右旋根数相同，当所有钢绞线旋向相同时，应在反力座设置一块分丝板，分丝板必须固定于反力座上，张拉过程中不发生移动或者转动。

(2)连续牵拉油缸采用 2 台 TX-200-J-D 型连续牵拉油缸，牵引力为 2000kN，如图 3.25 所示。该连续牵拉油缸为穿芯式结构，生产过程严格按照 ISO9000 质量标准进行质量控制，采用先进的设计方法(数字技术与有限元分析技术)和严格的质量控制措施，来确保牵拉油缸的绝对安全。

图 3.25 TX-200-J-D 型连续牵拉油缸

TX-200-J-D 型连续牵拉油缸具有如下特点：

(1)密封件采用德国技术，有效保证牵拉油缸的密封性能，从而提高牵拉油缸的工作可靠性。

(2)采用获得国家专利的新型锚具结构，锚具的工作可靠性更高。

(3)采取模块化设计，一旦使用过程中出现故障，能够随时更换，确保工程的顺利进行。

(4)在提升油缸中安装压力速度控制阀，确保带载下降时油缸平稳安全。

(5)提升油缸还可组合使用，使用 2 台提升油缸进行组合，形成 1 台连续提升油缸。

2. 驱动部件

液压泵站是平转系统的动力驱动部分，它的性能及可靠性对整个系统稳定性的影响最大，本桥采用 TX-80-P 型液压泵站，如图 3.26 所示。在液压系统中，采用比例同步技术可以有效地提高整个系统的同步调节性能。为了确保使用安全，在现有的液压系统中，专门设计了油缸载荷保护装置。

图 3.26　TX-80-P 型液压泵站

3. 控制部件

控制部件由传感器、主控计算机和实时网络组成。传感器主要用来获得连续牵拉油缸的位置信息、牵引力信息和整个转体空中姿态信息，并将这些信息通过现场实时网络传输给主控计算机。这样主控计算机可以根据当前网络传来的信息决定提升连续牵拉油缸的下一步动作，同时，主控计算机也可以根据网络传来的提升载荷信息和构件姿态信息决定整个系统的同步调节量。

3.3　墩中转体转动体系计算

3.3.1　球铰

大树村龙川江三线大桥施工中最为关键的步骤是转体。球铰是转动体系的核心构件，转体前需要对球铰进行细致的分析计算，同时在转体过程中也需要对球铰受力情况进行实时监测以免发生事故。球铰由上、下球铰面互相接触，可以互相分开，接触面不互相穿透但是能够相互传递面内压力、摩擦力[3]。接触问题是一种高度非线性问题，在处理和计算中存在两个较大的难点：一是在求解问题之前，不知道接触区域，随载荷、材料、边界条件和其他因素的不同，表面之间是接触还是分开是未知的，并且还可能是突然变化的；二是大多数的接触问题需要考虑摩擦，摩擦效应可能是混乱的，所以摩擦使非线性问题求解时的收敛变得困难。另外，接触面之间的约束和摩擦都具有非线性[4]。同时，影响球铰受力的因素很多，如球铰尺寸、风荷载作用、转体荷载等，这些都使球铰的受力分析异常复杂。随着现代科技的发展(包括计算机的发展)及有限元计算方法的出现，球铰分析变得相对简单了，球铰模拟计算结果精确而且更能接近实际情况。

在第 2 章介绍了球铰接触面竖向压力分布解析计算公式，本节将根据有限元的基本原理，采用 ABAQUS 软件建立球铰三维空间实体模型进行理论和模拟分析，准确地获得球铰面的应力分布，为本桥墩中转体的顺利实施及球铰设计提供理论依据。

1. 有限元模型

计算机的发展使对复杂结构的分析成为可能，而且有限元计算方法的出现使球铰的接触分析计算更为简便。采用 ABAQUS 软件来开展大吨位高墩墩中转体球铰结构受力分析。

ABAQUS 是一套功能强大的基于有限元方法的工程模拟软件，它可以解决从相对简单的线性分析到极富挑战性的非线性模拟等问题。ABAQUS 软件具备十分丰富的单元库，可以模拟任意实际形状。ABAQUS 软件也具有相当丰富的材料库，可以模拟大多数典型工程材料的性能，包括金属、橡胶、聚合物、复合材料、钢筋混凝土、可压缩的弹性泡沫及地质材料(如土壤和岩石)等。ABAQUS 软件作为一种通用的模拟工具，不仅能够解决结构分析(应力/位移)问题，而且能够模拟和研究热传导、质量扩散、电子元器件的热控制(热-电耦合分析)、声学、土壤力学(渗流-应力耦合分析)和电压分析等领域中的问题[5]。

本桥采用墩中转体，以 6 号墩为例，墩高 38m，转体系统布置在高 31m 的墩中部，下转盘距墩底 31m，距墩顶 7m。对墩中转体系统的球铰进行模拟分析时，如果建立全桥模型进行分析，不但消耗计算资源，而且还浪费时间。圣维南原理告诉我们，分布于弹性体上一小块面积(或体积)内的荷载所引起的物体中的应力，在离荷载作用区稍远的地方，基本上只与荷载的合力和合力矩有关；荷载的具体分布只影响荷载作用区附近的应力分布[6]。在转体时，球铰的受力状态对相邻区域的受力状态有很大的影响，在远离球铰区域的其他部分受到的影响相对于相邻的区域来说要小得多，甚至可以忽略其影响。根据圣维南原理可以选取墩中转体系统局部进行模拟分析，转体系统局部包括上下球铰、上转盘、上下墩身。在转体结构转动到位与主梁合龙之前，球铰处于最不利受力状态。此时，转体系统受到的荷载有最大悬臂状态下整个梁体的自重、模板重力、施工人员重力、机械重力及配重平衡的重力等，实际中还包括温度荷载、风荷载等一些外在的荷载。为了简化球铰受力分析，且不考虑球铰偏心的影响，这里仅考虑梁体自重。根据施工图纸可以得到球铰承受的荷载单幅转体质量为 7350t，在模型中将此转体质量转换为竖向均布荷载 $q = 787.78\mathrm{kN/m^2}$ 作用到上墩身顶面，同时将下墩身底面固结。

据此建立转体系统三维实体分析模型，如图 3.27 所示。

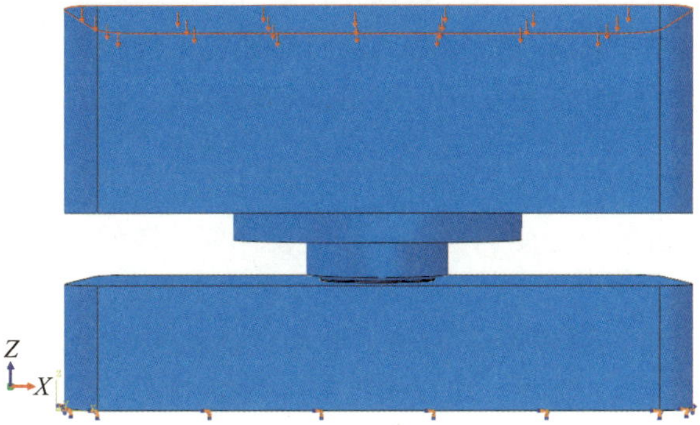

图 3.27　转体系统三维实体分析模型

每种分析软件都为用户提供了不同的单元库，以解决不同类型的问题，其中 ABAQUS 软件提供了大量的单元类型，不同的单元类型可以解决不同材料、形状的模拟分析问题。在本工程中的转体系统中，上、下墩身混凝土采用的是修正的二次 Tet 实体单元，该类型单元能很好地适用于 ABAQUS/Standand 的接触问题，其缺点就是精度差。上、下球铰圆弧钢板使用连续体壳单元来模拟，该单元类似于三维实体单元，在做接触分析时可以考虑厚度的变化，所以相对比较精确。在对每个块体划分网格时选择四面体进行划分，而且采用的是自由划分，这些独立的网格利用软件自带功能可以被整合为一个整体，如图 3.28 所示。球铰是转动体系的核心，为了进一步精确获得球铰的受力情况，在网格划分时要对局部的块体网格进行加密处理，包括上下球铰、下墩身与下球铰接触部分，如图 3.29 所示。

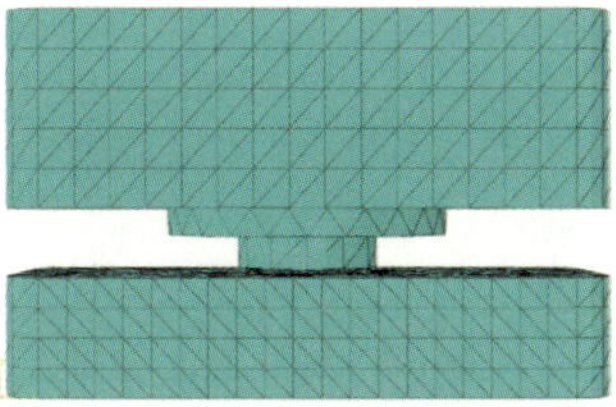

图 3.28　转体系统网格划分图

图 3.29　转体系统下转盘局部网格加密图

上、下球铰面为接触状态，实际的接触中两个接触面互相不穿透，模型中在接触面之间建立强制接触协调关系以达到这种状态。为了使模型中球铰铰面接触部分转动时能够更加符合实际情况，通过利用一些共享单元将上、下球铰相互连接形成接触对，充当“转轴”作用，然而对于接触对的设置要特别注意，因为不同的接触方式得到的球铰应力不同。ABAQUS 软件采用设计接触单元参数的方法，通过软件自动调节功能来减少原始状态下的缝隙及渗透的误差，甚至直接消除，而且为了避免因网格划分造成面不光滑而出现的节点穿透现象，在设置接触时接触面之间使用指定距离，这样可以使接触分析能够收敛。其中，接触采用一般类型接触，实际墩中转体球铰接触之间有聚四氟乙烯板和润滑剂存在，使接触面间的摩擦力很小，因此在分析球铰时可以忽略球铰之间的摩擦。

2. 计算工况

球铰是转体系统的核心受力构件，球铰设计与球铰的受力有着密切的关系，合理的球铰设计是转体施工顺利进行的关键要素。球铰设计必须考虑尺寸的合理性，保证球铰承重区域满足设计施工要求，能够承受上部荷载，同时，还要保证材料利用率比较高。通常，可以根据转体质量由式(2.3)拟定球铰的球铰投影半径 R_2，只要进一步拟定圆心角 α，就可以确定球铰加工制作的全部几何参数。球铰的铰面是一个球冠，根据几何关系(图 3.30)，可以得到球铰尺寸的几何要素关系。

$$R_2 = R\sin\alpha \tag{3.1}$$

$$S = 2\pi\frac{R_2^2}{\sin\alpha}(1-\cos\alpha) \tag{3.2}$$

式中，S 为球铰的球面面积；α 为圆心角；R 为球铰的曲率半径。

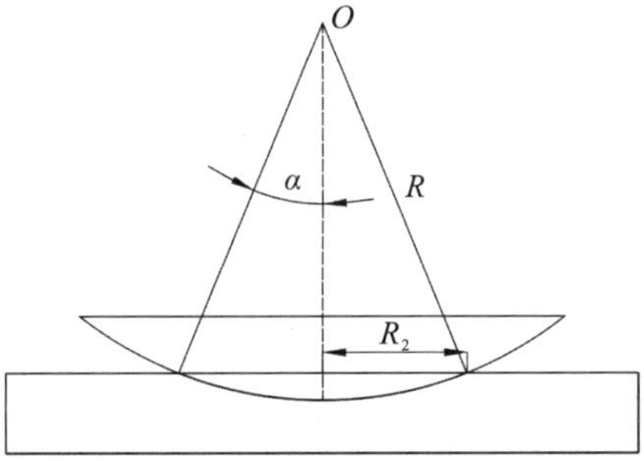

图 3.30 球铰尺寸的几何关系

通常，可以根据转体质量由式(2.3)拟定球铰投影半径 R_2，只要进一步拟定圆心角 α，就可以确定球铰加工制作的全部几何参数。在拟定球铰投影半径 R_2 的情况下，圆心角 α 过大会使球铰球面面积变大，球铰尺寸随着变大，造成材料的浪费和加工困难；圆心角 α 过小，球铰就退化为平铰。

根据经验所得，一般球铰圆心角 α 的取值为 10°～18°，大树村龙川江三线大桥所用球铰的圆心角 α＝14.74°，在此值上下取 13°、14°、14.74°、15°、16°、17° 分别建立转体系统有限元模型，进行球铰受力分析，以期获得球铰最优的圆心角 α，可以为以后的墩中转体球铰设计提供参考。

3. 计算结果

图 3.31 至图 3.36 所示为不同的圆心角 α 所对应的下球铰竖向正应力云图。

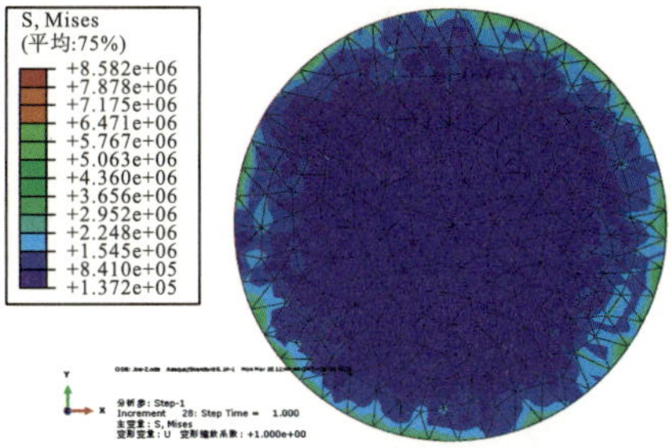

图 3.31　下球铰竖向正应力云图(α=13°)

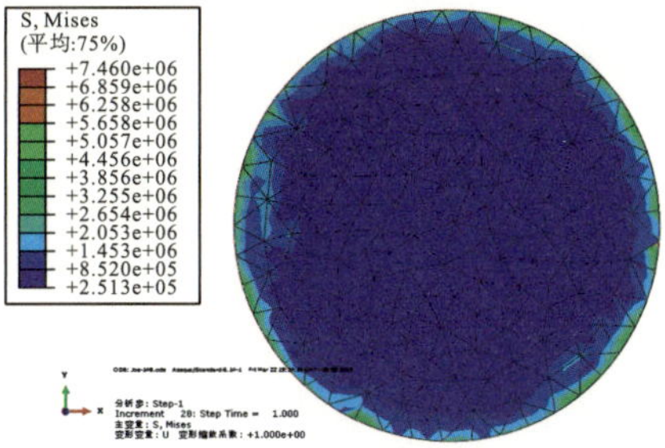

图 3.32　下球铰竖向正应力云图(α=14°)

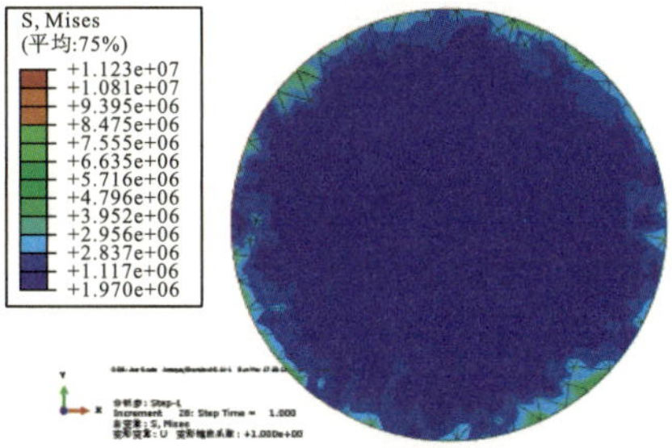

图 3.33　下球铰竖向正应力云图(α=14.74°)

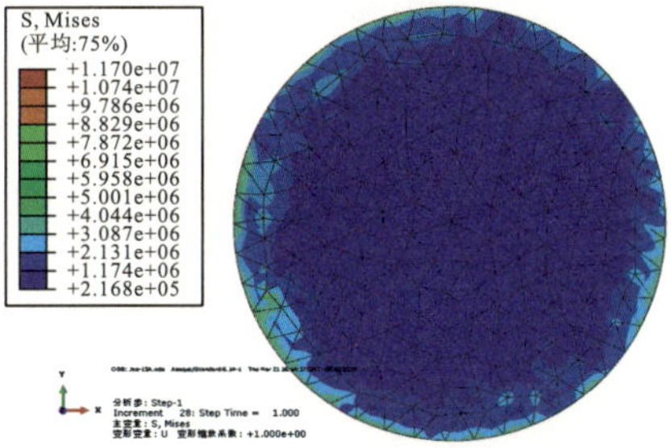

图 3.34　下球铰竖向正应力云图(α=15°)

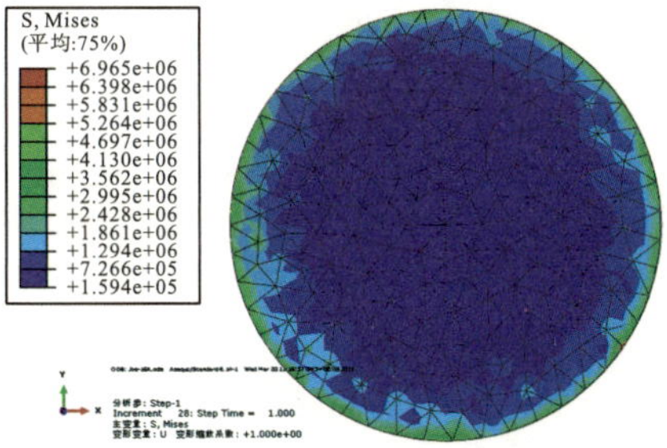

图 3.35　下球铰竖向正应力云图(α=16°)

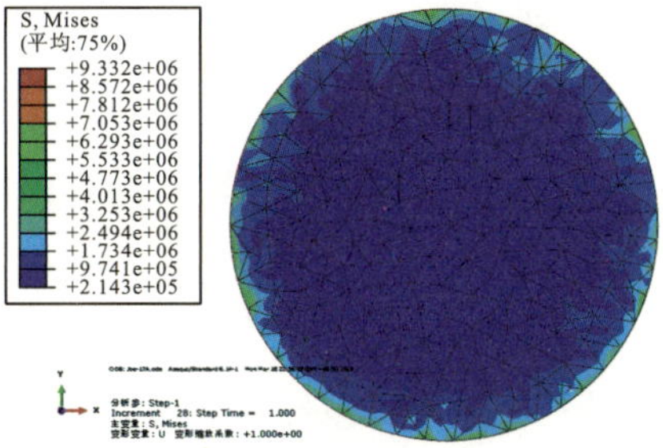

图 3.36　下球铰竖向正应力云图(α=17°)

由图 3.31 至图 3.36 可知，对于不同的 α 角，球铰竖向正应力分布均为球铰中心处比较小，沿铰面径向增加，在球铰边缘出现最大值。最大值与球铰中心区域的应力值之比为 0.55~0.4，这种应力分布规律与理论分析基本相符。在轴心受压的情况下，球铰面的压应力分布不是完全轴心对称均匀分布的，在部分球铰外边缘的位置出现了应力突变，这是由于采用了自由网格划分的方式进行结构离散，导致球铰边缘的单元尺寸不规则。除去因网格划分出现的应力集中点，其余球铰外缘最大竖向正应力值见表 3.1。

表 3.1 不同圆心角 α 下球铰外缘最大竖向正应力值

圆心角 α	13°	14°	14.74°	15°	16°	17°
数值解/MPa	13.466	11.535	10.571	10.342	8.842	7.917

由表 3.1 可知，下球铰外缘竖向正应力总的变化趋势是，随着圆心角 α 的增大而减小。从铰面的应力分布情况来看，随着圆心角 α 的增大，应力分布向铰面中心转移，这是因为圆心角 α 的增大使球铰的曲率半径减小，下球铰外缘变陡，力分解后，竖向应力分量减小。

4. 结果比较

在第 2.3.3 节推导了两种假定情况下球铰应力解析解的计算公式，第一种情况，把球铰视为平面，采用弹性力学半空间体计算的方法，可以得到球铰应力简化计算公式，得到近似解。现行桥梁施工技术规范[7]中，也基于此假定给出了球铰应力的近似计算公式。第二种情况，球铰接触面为曲面，按照半空间体和接触分析得到球铰中心正应力公式。本桥转体重力为 73500kN，球铰投影平面半径为 1.5m，球铰的圆心角 α＝14.74°，采用上述两种方法，分别计算本桥球铰的应力。

第一种情况，由式(2.24)可得球铰的平均应力近似值：

$$\overline{p}=\frac{F}{\pi a^2}=\frac{73500000}{3.14\times1.5^2}=10.4(\text{MPa})$$

中心应力为

$$p=\frac{F}{2\pi a^2}=\frac{73500000}{2\times3.14\times1.5^2}=5.2(\text{MPa})$$

第二种情况，由式(2.30)可得球铰外缘竖向应力的解析值：

$$\sigma=\frac{3F\cos\alpha}{2\pi R^2\left(1-\cos^3\alpha\right)}=\frac{3\times73500000\times0.9671}{2\times3.14\times5.986^2\times\left(1-0.9045\right)}=9.923(\text{MPa})$$

采用以上两种方法计算其他几种工况的球铰应力与数值计算值、实测值比较，见表 3.2。

表 3.2 不同圆心角 α 下球铰外缘竖向正应力值比较表

圆心角 α	13°	14°	14.74°	15°	16°	17°
近似解/MPa			10.4			
解析解/MPa	12.716	11.025	9.923	9.555	8.453	7.480
数值解/MPa	13.466	11.535	10.571	10.342	8.842	7.917
实测值/MPa			10.352			

由表 3.2 可以发现，由于第一种情况将球铰视为平面，不考虑圆心角 α 的影响，近似解只有 10.4MPa 一个值；随着 α 变化，解析解与数值解的变化趋势基本一致，数值解较解析解偏大 4%～8%。实测值是在称重试验时测得的，由于实际施工中，球铰不是完全的轴心受压状态，实测的混凝土应力可能受到偏心荷载的影响，此处实测值为平均值，实测值介于解析解与数值解之间，均在合理的误差范围内。圆心角为 14.74° 时，3 种计算方法及实测下球铰外缘竖向正应力值均比较接近，说明本桥的球铰设计是合理的，计算表明球铰处于安全范围内。通过比较分析，球铰的圆心角取值范围为 14° ～15° 较为合理，在此区间内，采用近似简化计算也能保证球铰计算有足够的精度。

3.3.2　托架

1. 托架受力分析

大树村龙川江三线大桥为墩中转体，在墩中设置了托架以支撑滑道。撑脚为转体时支撑转体结构平稳的保险腿，转体时撑脚可在滑道内滑动，同时也承受转体过程中的不平衡力，以保持转体结构平稳。当转体结构在转动时由于受到各因素的影响产生不平衡力矩，上墩身的荷载将由球铰与撑脚共同承担。撑脚所受荷载由滑道传递到下托架结构，其反作用力通过上转盘传递到上托架，如图 3.37 所示。

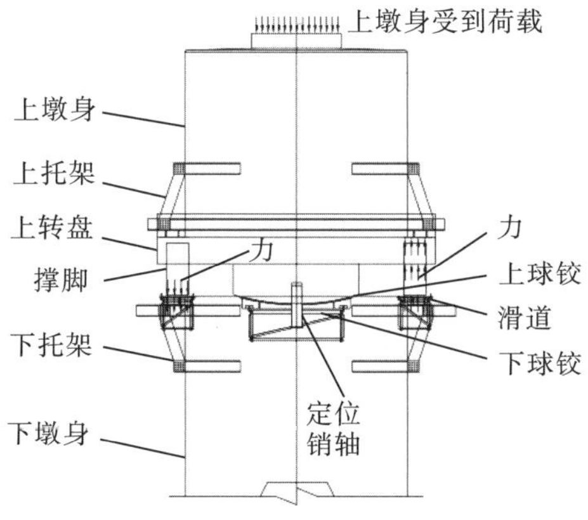

图 3.37　上、下托架受力示意图

由称重试验求得撑脚力为

$$F=\frac{Ge}{r}=\frac{73500\times 0.047}{2.956}=1168.6(\text{kN}) \tag{3.3}$$

上、下托架上设有分配梁，分配梁长度分别为 $L_{上}$=3.9m 、$L_{下}$=6.3m ，将撑脚力转换为均布力，作用到分配梁上用于托架计算。

作用在上、下托架上的均布荷载为

$$P_{上}=\frac{F}{L_{上}}=\frac{1168.6}{3.9}=299.6(\mathrm{kN/m}) \tag{3.4}$$

$$P_{下}=\frac{F}{L_{下}}=\frac{1168.6}{6.3}=185.5(\mathrm{kN/m}) \tag{3.5}$$

2. 托架结构检算

采用 MIDAS Civil 建立上、下托架模型进行托架的强度、刚度验算。MIDAS Civil 是桥梁领域通用结构分析及设计系统，它具有直观的操作界面，并且采用了尖端的计算机显示技术。MIDAS Civil 集成了静力分析、动力分析、几何非线性分析、屈曲分析、移动荷载分析、PSC 桥分析、悬索桥分析、水化热分析等分析设计功能。

托架材料为 Q235 钢材，弹性模量为 210GPa，泊松比为 0.33，设计强度为 215MPa，在计算托架受力时，托架受力需要考虑组合荷载。模型中采用梁单元来模拟托架杆件，撑脚力转换为均布力作用于分配梁上，埋入混凝土内的工字钢部分为固结，计算模型如图 3.38 和图 3.39 所示。

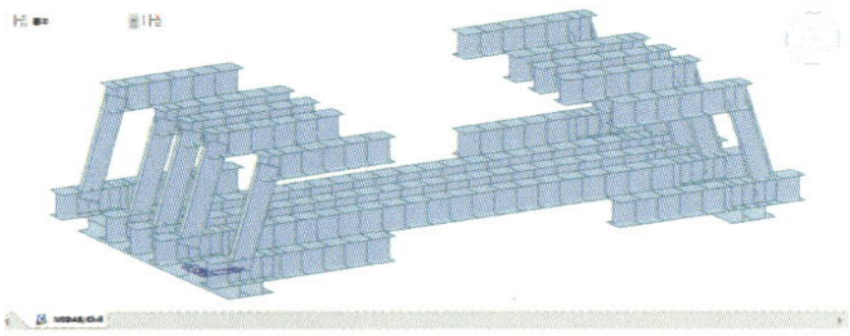

图 3.38 上托架模型图

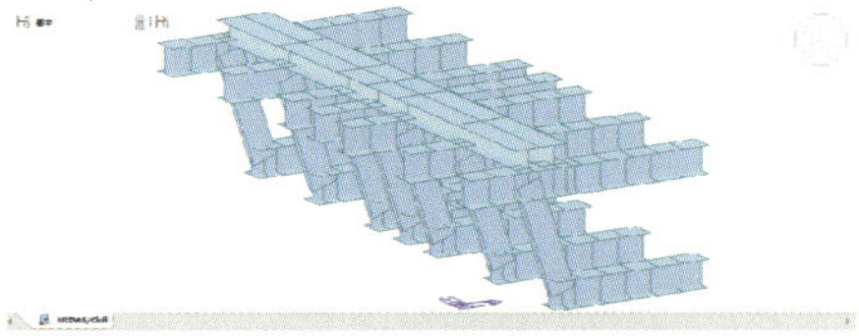

图 3.39 1/2 下托架模型图

按施工规范[7]进行荷载组合。计算时，托架荷载组合方式为 1.2 托架自重+1.4 撑脚力。

(1)托架变形云图如图 3.40 和图 3.41 所示。由图 3.40 和图 3.41 可知，上、下托架的最大竖向变形出现在托架悬臂端，上、下托架最大竖向变形分别为 0.79mm、0.86mm。上、下托架最大变形均小于 1/400[7](2.5mm)，故托架刚度满足规范要求。

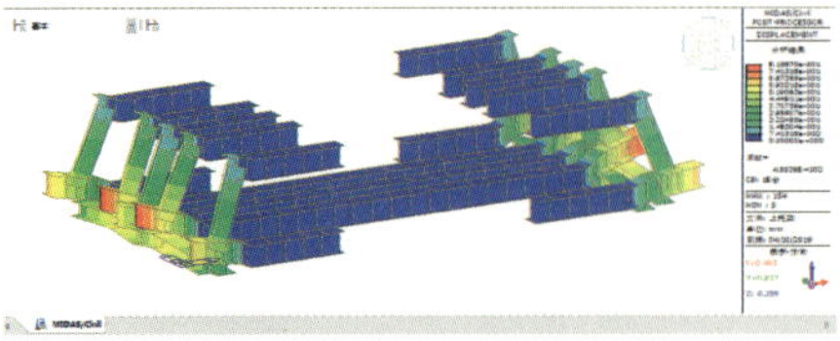

图 3.40 上托架变形云图

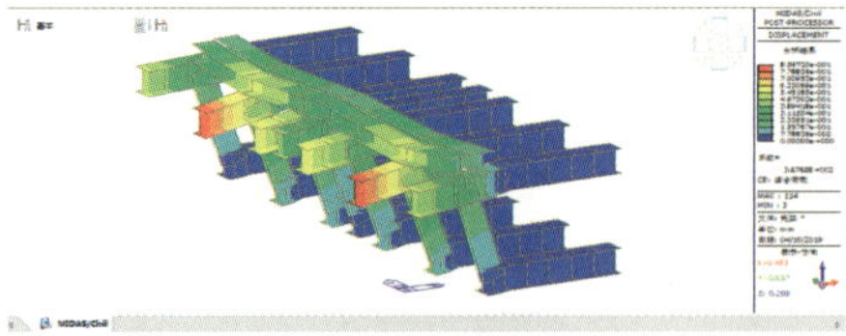

图 3.41 1/2 下托架变形云图

(2) 托架应力云图如图 3.42 和图 3.43 所示。由图 3.42 和图 3.43 可知，上、下托架最大组合应力分别为 118MPa、78MPa，均小于托架材料 (Q235 钢材) 的设计强度 215MPa，托架强度满足要求。上、下托架的最大应力均出现在上、下托架的上、下层工字钢与槽钢的连接部位，因此在施工中应做好此处的连接，确保托架安全。

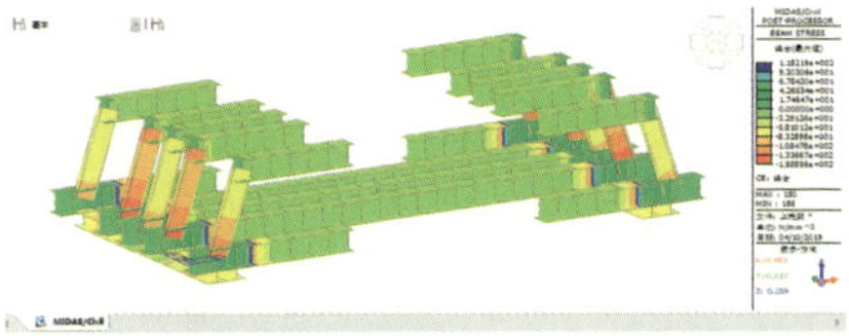

图 3.42　上托架组合应力云图

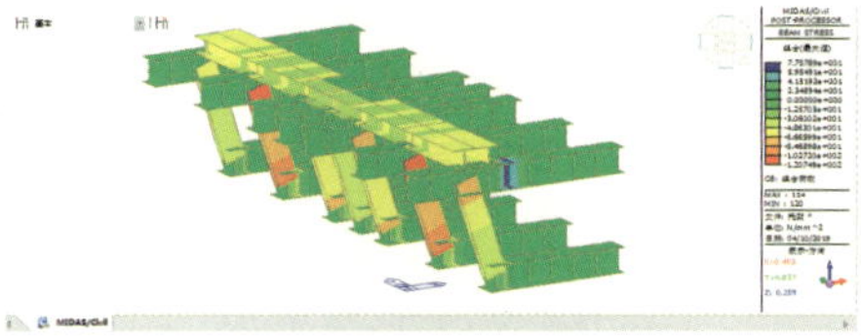

图 3.43　1/2 下托架组合应力云图

3.3.3　牵引力计算

在第 2 章推导了转体结构牵引力的计算公式，本节根据本工程实际数据计算牵引力的值。根据国内外转体桥梁的大量测试结果，静摩擦系数一般为 0.07～0.08，动摩擦系数一般为 0.04～0.05。本桥转体重力 P=73500kN，取静摩擦系数 $\mu_{静}$=0.1，动摩擦系数 $\mu_{动}$=0.06 作控制计算，牵引力计算简图如图 3.44 所示。

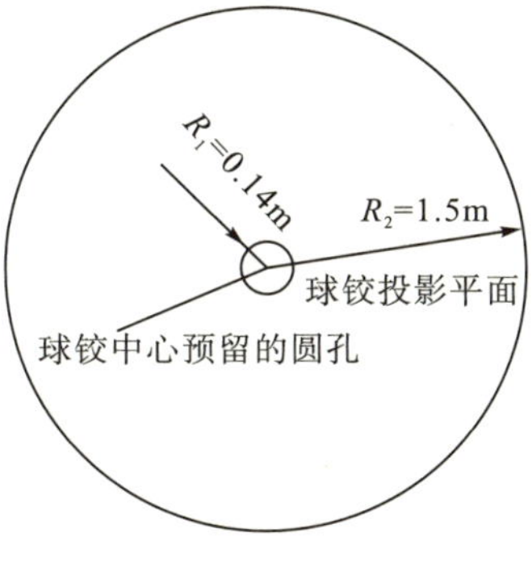

图 3.44　牵引力计算简图

由式 (2.38) 可得转体启动所需要的牵转力矩：

$$M_1=\frac{2}{3}\mu_{静}\cdot P\cdot\frac{R_2^3-R_1^3}{R_2^2-R_1^2}=\frac{2}{3}\times0.1\times73500\times\frac{1.5^3-0.14^3}{1.5^2-0.14^2}=7408.6(\text{kN}\cdot\text{m}) \quad (3.6)$$

由式 (2.39) 可得启动时平均每束牵引索的牵引力：

$$T_1=\frac{M_1}{2r_r}=\frac{7408.6}{2\times3.75}=987.8(\text{kN}) \quad (3.7)$$

由式 (2.40) 可得转动中所需要的牵转力矩：

$$M_2 = \frac{2}{3}\mu_{动} \cdot P \cdot \frac{R_2^3 - R_1^3}{R_2^2 - R_1^2} = \frac{2}{3} \times 0.06 \times 73500 \times \frac{1.5^3 - 0.14^3}{1.5^2 - 0.14^2} = 4445.1(\text{kN} \cdot \text{m}) \quad (3.8)$$

由式(2.41)可得转动中平均每束牵引索的牵引力：

$$T_2 = \frac{M_2}{2r_r} = \frac{4445.1}{2 \times 3.75} = 592.7(\text{kN}) \quad (3.9)$$

转体时，球铰和撑脚共同支承，因此尚应计及撑脚走板与滑道之间的摩擦，取摩擦系数 μ=0.15 计算。

由式(3.3)可得撑脚支反力：

$$F=1160.8(\text{kN})$$

由式(2.42)可得撑脚走板与滑道之间的摩擦力：

$$F_R = F\mu = 1160.8 \times 0.15 = 174.12(\text{kN}) \quad (3.10)$$

由式(2.43)可得摩擦力 F_R 对转动中心的力矩：

$$M_R = F_R R = 174.12 \times 3.2 = 557.18(\text{kN} \cdot \text{m}) \quad (3.11)$$

由式(2.44)可得考虑撑脚走板与滑道之间的摩擦力后每束牵引索增加的牵引力：

$$\Delta T = \frac{M_R}{2 \times 3.75} = 74.3(\text{kN}) \quad (3.12)$$

考虑撑脚走板与滑道之间的摩擦力后，启动时每束牵引索的牵引力 $T_3 = \Delta T + T_1 = 1062.1(\text{kN})$，转动中每束牵引的索牵引力 $T_4 = \Delta T + T_2 = 667.0(\text{kN})$。

3.4 转体稳定计算

1940 年美国 Tacoma 海湾大桥在风的作用下轰然倒塌(图 3.45)，桥梁设计师开始意识到抗风稳定性在桥梁设计中的重要性。在空气动力学家与桥梁结构设计师几十年的研究下，所建造出来的桥梁很少因为风荷载作用而受到严重破坏。但偶有发生的由风荷载引起的桥梁事故仍警示我们，风荷载作用对桥梁的稳定性有举足轻重的影响。

图 3.45 Tacoma 海湾大桥风毁事件

进入 21 世纪后，桥梁建设在向高墩、大跨的方向发展的同时，其对风的作用更加敏感，而转体桥梁由于转体结构的存在，在风荷载作用下的稳定性更是设计的关键点与难点。转体部分(T 构部分)在进行转体前，由于临时固结全部拆除，转动球铰单点支撑上部结构，此时梁体产生的倾覆力矩主要由上、下球铰之间的摩擦力矩来平衡，再加上风荷载对转体结构的作用，因此对此状态下的桥梁结构进行抗倾覆能力的验算就显得十分必要。

3.4.1　风荷载计算

在第 2.6 节中给出了《公路风规》《公路桥规》《铁路桥规》风荷载计算方法。由于相对于悬臂施工，转体过程耗时短，因此，在转动前和转动过程中的风荷载计算分别按不低于 5 年的重现期风速取值和按桥位自然环境情况(6 级大风)取值。同时，由于本桥采用墩中转体，转体中上墩身截面较小，故仅考虑主梁截面风荷载。

1. 转体前风荷载

1)《公路风规》

根据《公路风规》表 3.2.2，桥址处场地类型为 B 类，地面粗糙度系数 α 为 0.16。查规范附录 A，取 $V_{s10}=27.9\text{m/s}$，Z=54m (按较高墩 7 号墩高度进行计算)。由式(2.57)可得设计基准风速：

$$V_Z=V_{s10}\left(\frac{Z}{10}\right)^{\alpha}=27.9\times\left(\frac{54}{10}\right)^{0.16}=36.5(\text{m/s})$$

地表类别为 B 类，水平加载长度为 88m，查《公路风规》表 4.2.1，得静阵风系数 G_V=1.31。由式(2.56)可得等效静阵风风速：

$$V_g=G_vV_z=1.31\times36.5=47.8(\text{m/s})$$

该桥施工时间少于 2 年，规范取不低于 5 年重现期的风速，查《公路风规》表 3.3.1，5 年风速重现期系数 $\eta=0.85$。

按《公路风规》第 3.3.1 条得施工阶段的设计风速：

$$V_{sd}=\eta V_g=0.85\times47.8=40.55(\text{m/s})$$

大树村龙川江三线大桥主梁宽度 B=14.9m，平均截面高度 H=5.03m，$\dfrac{B}{H}$=2.96。由式(2.58)可得主梁横向力系数

$$C_H=2.1-0.1\times2.96=1.804$$

由式(2.55)可得横桥向静阵风荷载：

$$F_H^{\text{转体前}}=\frac{1}{2}\rho V_g{}^2C_HH=\frac{1}{2}\times1.25\times40.55^2\times1.804\times5.03=9325(\text{N/m})$$

转体部分主梁水平加载长度为 88m，横桥向主梁风荷载为

$$P_H^{转体前}=\frac{9325\times 88}{1000}=820.6(\text{kN})$$

2）《公路桥规》

根据《公路桥规》第 4.3.7 条，查规范中表 4.3.7-1～表 4.3.7-6。设计风速重现期换算系数 k_0=0.75；风载阻力系数 k_1=1.804；地形、地理条件系数 k_3=0.8；风速高度变化修正系数 k_2=1.33，风速高度变化修正系数 k_5=1.38，则设计基准风速 $V_d=k_2k_5V_{s10}=1.33\times 1.38\times 27.9=51.2(\text{m/s})$，得设计基准风压 $W_d=\frac{1}{2}\rho V_d{}^2=\frac{1}{2}\times 1.25\times 51.2^2=1638.4\left(\text{N/m}^2\right)$，桥梁横向迎风面积 $A_{wh}=422.64\left(\text{m}^2\right)$。由式(2.59)可得横桥向风荷载标准值：

$$F_{wh}^{转体前}=k_0k_1k_3W_dA_{wh}=\frac{0.75\times 1.804\times 0.8\times 1638.4\times 442.64}{1000}=784.98(\text{kN})$$

3）《铁路桥规》

根据《铁路桥规》第 4.4.1 条，风载体形系数 $K_1=1.3$；风压高度变化系数 $K_2=1.33$；地形、地理条件系数 K_3=1.2；查规范附录 D“全国基本风压分布图”得 $W_0=500\,\text{N/m}^2$。由式(2.60)可得横桥向风荷载标准值 $W=K_1K_2K_3W_0=1.3\times 1.33\times 1.2\times 500=1037.4\left(\text{N/m}^2\right)$。桥梁横向迎风面积为 $A_{wh}=422.64(\text{m}^2)$，横桥向风荷载标准值 $P_{铁}^{转体前}=\frac{1037.4\times 422.64}{1000}=438.45(\text{kN})$。

在相同条件下，按照 3 本规范对本桥计算所得出的横桥向风荷载标准值各有不同。按照《铁路桥规》相关条文计算所得的风荷载值最小，按照《公路桥规》和《公路风规》相关条文计算所得的风荷载值相近。《公路桥规》和《公路风规》中风荷载的计算区别在于阵风风速系数的取值差别，《公路风规》的阵风风速系数 G_V 考虑了水平加载长度，因而其计算更加精细。据此，在大树村龙川江三线大桥的抗风稳定性计算中，出于安全稳定的考虑，取用取值较大且更为精细的按照《公路风规》计算所得的风荷载标准值。

根据《公路风规》第 4.3.6 条，当桥梁的跨径小于 200m 时，对实体桥梁截面，主梁纵桥向单位长度的风荷载值可取横桥向风荷载的 0.25 倍，则纵桥向单位长度作用的风荷载为 $F_Z^{转体前}=0.25F_H^{转体前}=0.25\times 9325=2331.25(\text{N/m})$。纵桥向桥面宽 14.9m，则纵桥向主梁承受的风荷载为 $P_Z^{转体前}=\frac{2331.25\times 14.9}{1000}=34.74(\text{kN})$。

横桥向风等效力臂 $L_H=18.26\text{m}$，故横桥向风作用下产生的不平衡力矩为 $M_H^{转体前}=P_H^{转体前}L_H=820\times 18.26=14973.2(\text{kN}\cdot\text{m})$。纵桥向风等效力臂 $L_Z=7.5\text{m}$，故纵桥向风作用下产生的不平衡力矩为 $M_Z^{转体前}=P_Z^{转体前}L_Z=35\times 7.5=262.5(\text{kN}\cdot\text{m})$。

2. 转体中风荷载

根据当地气候情况及拟定的转体时间，选取满足正常进行桥梁转体的自然环境情况(6 级大风)，采用《公路风规》中的相关条文进行转体中风荷载的计算。

6 级大风换算成风速约为 $V_Z=13.8\text{m/s}$，则等效静阵风风速 $V_g=G_V V_Z=1.31\times 13.8=18\text{m/s}$。

横桥向主梁单位长度上静阵风荷载为 $F_H^{转动中}=\frac{1}{2}\rho V_g{}^2 C_H H=\frac{1}{2}\times 1.25\times 18^2\times 1.804\times 5.03=1837.5(\text{N/m})$，则横桥向主梁受到的风荷载为 $P_H^{转动中}=\frac{1837.5\times 88}{1000}=161.7(\text{kN})$。

纵桥向单位长度作用的风荷载 $F_Z^{转体中}=0.25F_H^{转体中}=0.25\times 1837.5=459.4(\text{N/m})$。纵桥向桥面宽 14.9m，则纵桥向主梁承受的风荷载为 $P_Z^{转体中}=\frac{459.4\times 14.9}{1000}=6.8(\text{kN})$。

横、纵向风作用力对球铰的力臂长度分别为 $L_H=18.26\text{m}$、$L_Z=7.5\text{m}$。横桥向风作用下产生的不平衡力矩为 $M_H^{转体中}=P_H^{转体中}L_H=161.7\times 18.26=2952.6(\text{kN}\cdot\text{m})$，纵桥向风作用下产生的不平衡力矩为 $M_Z^{转体中}=P_Z^{转体中}L_Z=6.8\times 7.5=51(\text{kN}\cdot\text{m})$。

3.4.2　转体前稳定性计算

1. 转体前摩擦力矩

球铰之间的静摩擦系数是影响转体桥安全稳定性的重要因素。在已知转体部分质量一定时，其球铰的摩擦力矩则由球铰之间的摩擦系数来确定。通过查阅以往国内转体桥施工资料[8~12]，其转体桥平衡称重试验得到的球铰静摩擦系数为 0.018~0.1，小于设计值 0.1。该桥虽然已经按照施工进度要求顺利完工，实测静摩擦系数为 0.04。为了研究及验证其转体过程稳定性的问题，本章选取 0.04、0.05、0.06、0.07、0.08、0.09 六个不同静摩擦系数进行研究。

在进行桥梁转体前，解除固定，选取静摩擦系数来计算摩擦力矩。大树村龙川江三线大桥转体结构总重力为 $G=73500\text{kN}$，球铰转动半径 $R=8\text{m}$，静摩擦系数 $\mu_{静}=0.04$ 时，本桥球铰摩擦力矩为

$$M_{摩擦}^{转体前}=\mu_{静}GR=0.04\times 73500\times 8=23520(\text{kN}\cdot\text{m})$$

计算得到其他球铰静摩擦系数下的摩擦力矩，见表 3.3。

表 3.3　不同球铰静摩擦系数下的摩擦力矩

$\mu_{静}$	0.04	0.05	0.06	0.07	0.08	0.09
$M_{摩擦}^{转体前}/(\text{kN}\cdot\text{m})$	23520	29400	35280	41160	47040	52920

2. 横桥向稳定计算

转体前，横桥向风荷载产生的弯矩 $M_H^{转体前}=14973\text{kN}\cdot\text{m}$，横桥向安全稳定性系数由式(3.13)计算得到。

$$\eta_H^{转体前}=\frac{M_{摩擦}^{转体前}}{M_H^{转体前}} \tag{3.13}$$

按式(3.13)计算得到不同球铰静摩擦系数下的横桥向安全稳定性系数值，见表 3.4。

表 3.4 转体前不同球铰静摩擦系数下的横向安全稳定性系数

$\mu_{静}$	0.04	0.05	0.06	0.07	0.08	0.09
$\eta_H^{转体前}$	1.57	1.96	2.36	2.75	3.14	3.53

由表 3.4 可知，静摩擦系数从 0.04 增大到 0.09，桥梁转体结构的安全稳定性系数随之增大。球铰间摩擦力矩足够大，桥梁转体结构的横向安全稳定性系数都很大。可得出结论，进行桥梁转体前，桥梁转体结构在横向风荷载作用下是安全的。

3. 纵桥向稳定计算

桥梁的纵向比横向受风面积小，风荷载在纵桥向产生的不平衡力矩比横桥向小，但是纵桥向有不平衡重的存在，其稳定性受到不平衡力矩的影响。下面考虑风荷载及不平衡力矩共同作用下转体桥的纵桥向稳定性，选取 0、1‰、2‰、3‰、4‰、5‰、6‰、7‰、8‰、9‰十种不平衡重进行研究。

1)考虑不平衡引起的倾覆力矩

十种不平衡重作用下产生的纵桥向不平衡力矩 M_0 见表 3.5。

表 3.5 十种不平衡重作用下产生的纵桥向不平衡力矩

不平衡重	0	1‰	2‰	3‰	4‰	5‰	6‰	7‰	8‰	9‰
M_0 / (kN·m)	0	1617	3234	4851	6468	8085	9702	11319	12936	14553

2)考虑不平衡的纵桥向安全稳定性系数

纵桥向风荷载单独存在时，对转体桥梁的安全稳定性影响不大。当存在不平衡重时，转体桥的安全稳定性就可能发生很大的变化。风荷载与不平衡力矩共同作用下桥梁的安全稳定性系数由式(3.14)计算得到，不同平衡重产生的纵桥向安全稳定性系数见表 3.6。

$$\eta_Z^{转体前}=\frac{M_{摩擦}^{转体前}}{M_Z^{转体前}+M_0} \tag{3.14}$$

表 3.6　转体前风荷载与不平衡力矩共同作用下的纵桥向安全稳定性系数

$\mu_{静}$	$\eta_Z^{转体前}$									
	0	1‰	2‰	3‰	4‰	5‰	6‰	7‰	8‰	9‰
0.04	89.8	12.5	6.7	4.6	3.5	2.8	2.4	2.0	1.8	1.6
0.05	112.2	15.6	8.4	5.8	4.4	3.5	3.0	2.5	2.2	2.0
0.06	134.7	18.8	10.1	6.9	5.2	4.2	3.5	3.0	2.7	2.4
0.07	157.1	21.9	11.8	8.1	6.1	4.9	4.1	3.6	3.1	2.8
0.08	179.5	25.0	13.5	9.2	7.0	5.6	4.7	4.1	3.6	3.2
0.09	202.0	28.2	15.1	10.4	7.9	6.3	5.3	4.6	4.0	3.6

由表 3.4 和表 3.6 可知，静摩擦系数从 0.04 增大至 0.09，纵桥向安全稳定性系数与横桥向安全稳定性系数变化规律一致，都随之增大。球铰间摩擦力矩足够大，桥梁转体结构的安全稳定性系数都很大。可得出结论，进行桥梁转体前，桥梁转体结构在纵向风荷载作用下是安全的。值得注意的是，在不平衡重为 0 时，纵桥向安全稳定性系数远大于出现不平衡重的其他工况，这说明由于纵向风作用小，不平衡重对桥梁转体结构的安全稳定起到控制性的作用。因此在施工时，应严格控制转体悬臂两端的混凝土用量，做好每个梁段的混凝土用量记录，确保不平衡重在可控范围内。

3.4.3　转体中稳定性计算

1. 转体中摩擦力矩

通过参考以往转体桥施工经验，球铰静摩擦系数为 0.018~0.06，相比设计值 0.1 要小，而一般情况下球铰动摩擦系数的设计值是 0.06，是球铰静摩擦系数的 0.6 倍。大树村龙川江三线大桥 6 号墩、7 号墩的启动牵引力与滑动牵引力之比分别为 0.56、0.53，根据球铰的静摩擦系数与动摩擦系数设计值之间的关系及现场实际启动牵引力与滑道牵引力之比，在保证桥梁转体安全稳定的前提下，按球铰动摩擦系数是球铰静摩擦系数的 0.5 倍计算。由于桥梁在转体时，抗倾覆力矩最小，此状态下转体桥最容易发生失稳，按最不利状态考虑，选取球铰动摩擦系数来计算摩擦力矩。为了能为此类转体桥提供一些参考，本文选取 0.01、0.015、0.02、0.025、0.03、0.035 六个不同动摩擦系数来计算并分析转体中的稳定性。

大树村龙川江三线大桥转体结构总重力 $G=73500\text{kN}$ ，球铰转动半径 $R=8\text{m}$ ，动摩擦系数为 $\mu_{动}=0.02$ 时，本桥球铰摩擦力矩为

$$M_{摩擦}^{转体中}=\mu_{动}GR=0.02\times 73500\times 8=11760(\mathrm{kN\cdot m})$$

计算得到其他球铰动摩擦系数下的摩擦力矩，见表 3.7。

表 3.7 不同球铰动摩擦系数下的摩擦力矩

$\mu_{动}$	0.01	0.015	0.02	0.025	0.03	0.035
$M_{摩擦}^{转体中}/(\mathrm{kN\cdot m})$	5880	8820	11760	14700	17640	20580

2. 横桥向稳定计算

转体中，横桥向风荷载产生的弯矩 $M_H^{转体中}=2958\mathrm{kN\cdot m}$，横桥向安全稳定性系数由式(3.15)计算。

$$\eta_H^{转体中}=\frac{M_{摩擦}^{转体中}}{M_H^{转体中}} \tag{3.15}$$

按式(3.15)计算得到不同球铰动摩擦系数下的横桥向安全稳定性系数值，见表 3.8。

表 3.8 不同球铰动摩擦系数下的横桥向安全稳定性系数

$\mu_{动}$	0.01	0.015	0.02	0.025	0.03	0.035
$\eta_H^{转体中}$	1.99	2.98	3.98	4.97	5.96	6.96

由表 3.8 可知，动摩擦系数从 0.01 增大到 0.035，桥梁转体结构的安全稳定性系数随之增大。桥梁转体中，桥梁转体结构在横桥向风荷载作用下是安全的。

3. 纵桥向稳定计算

考虑风荷载及不平衡力矩共同作用下转体桥的纵桥向稳定性，选取 0、1‰、2‰、3‰、4‰、5‰六种不平衡重进行研究。六种不平衡重作用下产生的纵桥向不平衡力矩 M_0 见表 3.9。

表 3.9 不同平衡重产生的纵桥向不平衡力矩

不平衡重	0	1‰	2‰	3‰	4‰	5‰
$M_0/(\mathrm{kN\cdot m})$	0	1617	3234	4851	6468	8085

风荷载与不平衡力矩共同作用下桥梁的安全稳定性系数由式(3.16)计算，不同平衡重产生的纵桥向安全稳定性系数值见表 3.10。

$$\eta_Z^{转体中}=\frac{M_{摩擦}^{转体中}}{M_Z^{转体中}+M_0} \tag{3.16}$$

表 3.10　不同平衡重产生的纵桥向安全稳定性系数

$\mu_{动}$	$\eta_Z^{转体中}$					
	0	1‰	2‰	3‰	4‰	5‰
0.01	115.3	3.5	1.8	1.2	0.9	0.7
0.015	172.9	5.3	2.7	1.8	1.4	1.1
0.02	230.6	7.1	3.6	2.4	1.8	1.4
0.025	288.2	8.8	4.5	3.0	2.3	1.8
0.03	345.9	10.6	5.4	3.6	2.7	2.2
0.035	403.5	12.3	6.3	4.2	3.2	2.5

由表 3.8 和表 3.10 可知，动摩擦系数从 0.01 增大至 0.035，纵桥向安全稳定系性数与横桥向安全稳定性系数变化规律一致，都随动摩擦系数的增大而增大。但随着不平衡重的增大，纵桥向安全稳定性系数逐渐减小。与转动前的情况一样，风荷载在纵桥向产生的不平衡力矩比横桥向小，纵桥向的不平衡重对其稳定性有着较大影响。当球铰动摩擦系数大于 0.02 或不平衡重不大于 3‰时，转体结构在转动过程中不会发生倾覆；当动摩擦系数 $\mu_{动}=0.015$，不平衡重为 5‰时，纵桥向安全稳定性系数为 1.1，接近临界值。考虑风的动力效应和既有线重车振动等不确定因素时，转体在转动过程中，可能发生失稳倾覆。

综合考虑转动前、转动中稳定性计算结果，在实际施工中，除严格控制悬臂施工中混凝土用量差产生的不平衡重外，还可以通过配重将转动体的不平衡重控制在 3‰以内，这样可以确保在转体施工过程中桥梁不会发生失稳倾覆。

3.5　转动时墩梁连接处及主梁应力分析

大树村龙川江三线大桥设计转动速度是 0.02rad/min，但在实际转体施工中，往往因为牵引力控制不当，导致实际牵引力要略大于牵引力设计值，因此实际转动速度要大于设计转动速度。在墩中转体过程中，牵引系统将牵引力传递至上转盘，带动上转盘转动，再带动上桥墩转动，从而使整个主梁部分转动。转体部分中主梁质量很大，且上桥墩与主梁采用临时锚固连接，如图 3.46 所示。当上桥墩带动主梁转动时，连接处应力会比较大。为了更清楚地研究分析转动角速度对主梁与上桥墩接触部分的应力变化的影响，从而评估实际工程中转动时的主梁稳定性，选取 0.01rad/min、0.015rad/min、0.02rad/min、0.04rad/min、

0.08rad/min 五种不同的转动速度，对比分析转动角速度对主梁截面及墩梁结合处应力的影响。

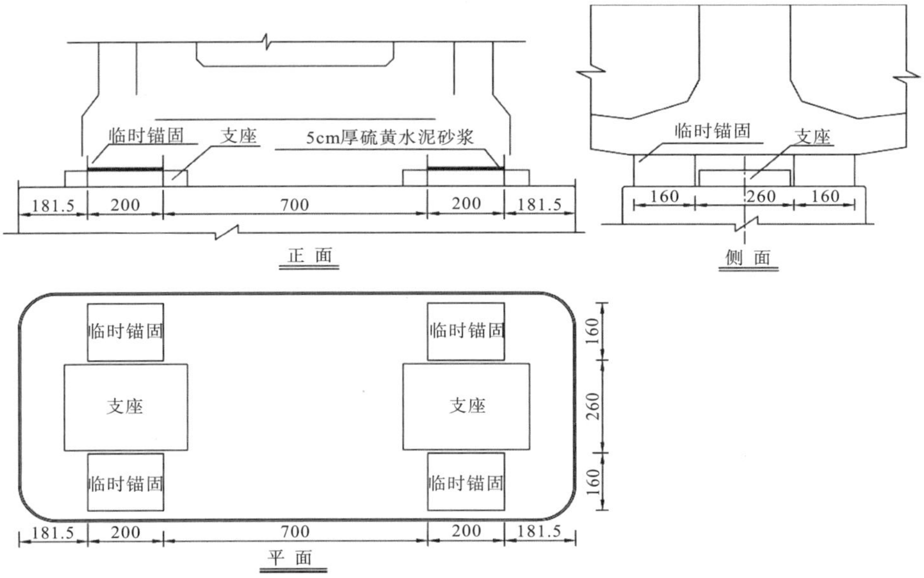

图 3.46 上桥墩与主梁临时锚固连接示意图

1. 有限元模型

由于转体桥墩梁结合处受力复杂，构造特殊，采用 ANSYS 软件进行转动时墩梁连接处及主梁应力分析。有限元分析软件 ANSYS 作为大型的计算分析软件，其适应性能广泛，在力学、机械、电磁和声光学研究中发挥着重要作用，并且在土木工程建设领域有广泛应用。ANSYS 软件主要包括前处理(PREP7)、求解(SOLUTION)、后处理(POST1、POST26)3 个部分，前处理主要是定义材料属性，根据实际工程的特点选取符合工程材料的单元，并根据实际工程特点建立结构模型，根据分析需要进行网格划分。求解部分主要是根据材料的实际受力状态建立边界条件，施加约束，并且加载。后处理主要是显示结果和数据的输出[13]。

主梁、上墩身及临时锚固是典型的混凝土结构，采用 SOLID65 单元建模，如图 3.47 所示。SOLID65 单元是八节点单元，并且各个节点的自由度均为 3 个，具有很好的拉伸与压缩性能。在结构的非线性分析方面，SOLID65 单元也能很好地处理，因此该单元可很好地模拟混凝土结构的各种特性，在土木工程方面，主要用于模拟混凝土结构的三维实体模型[14]。

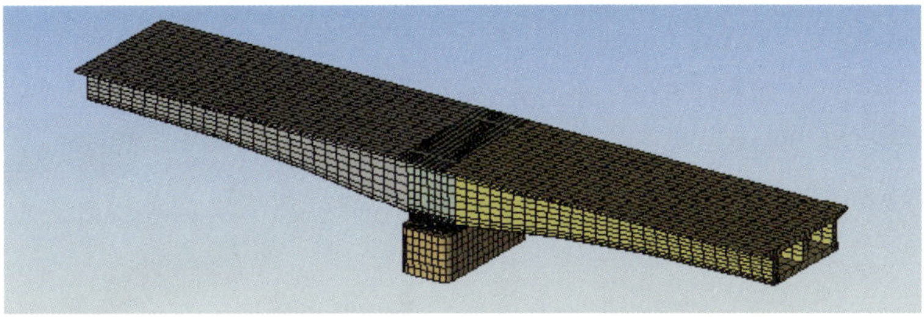

图 3.47　转体墩梁应力计算模型

2. 计算结果

在 ANSYS 软件中通过 OMEGA 命令赋予转体结构不同的转动速度，在后处理中提取计算结果，获取墩梁连接处等效应力云图，如图 3.48 所示。

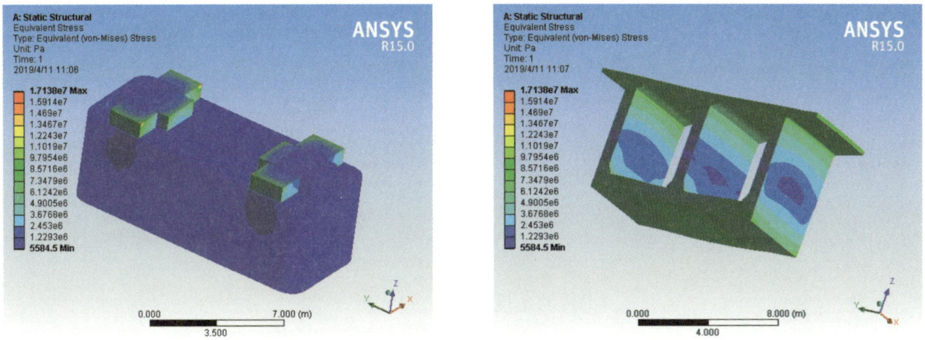

(a)转动速度为0.01rad/min

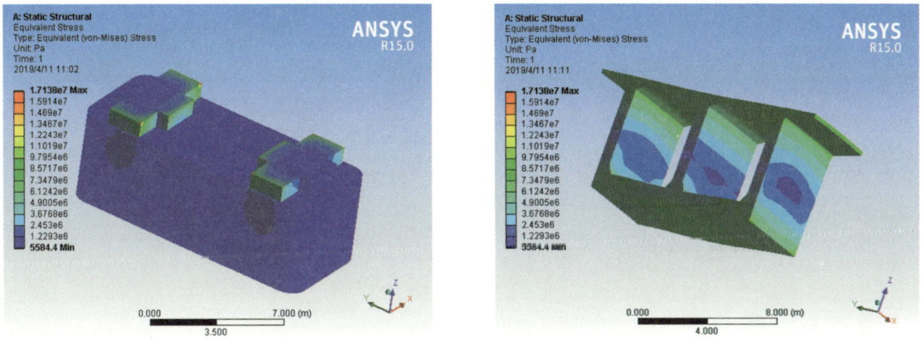

(b)转动速度为0.015rad/min

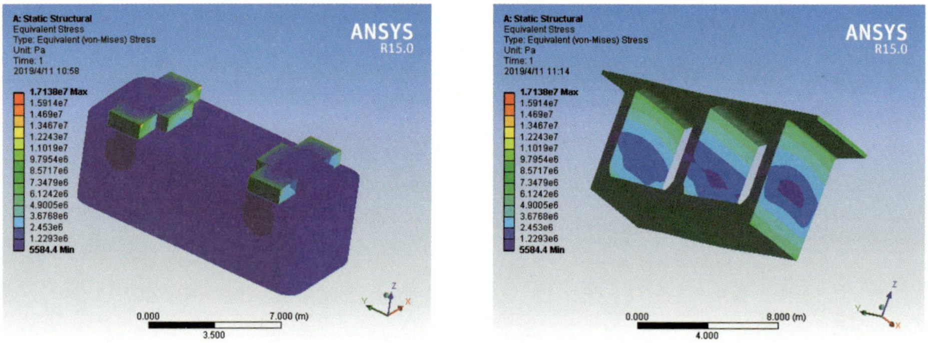

(c)转动速度为0.02rad/min

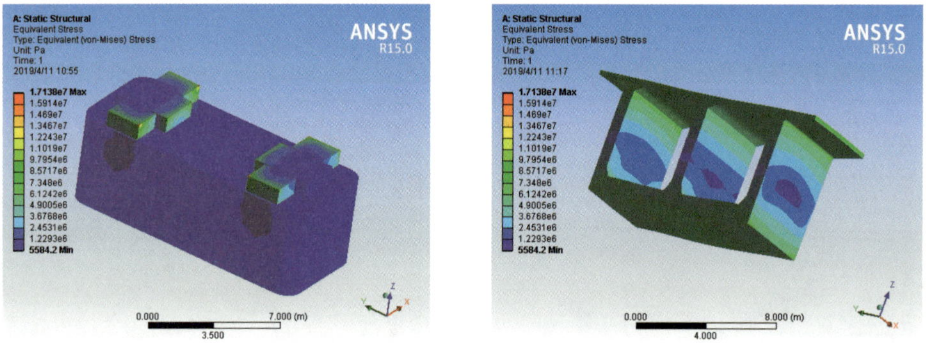

(d)转动速度为0.04rad/min

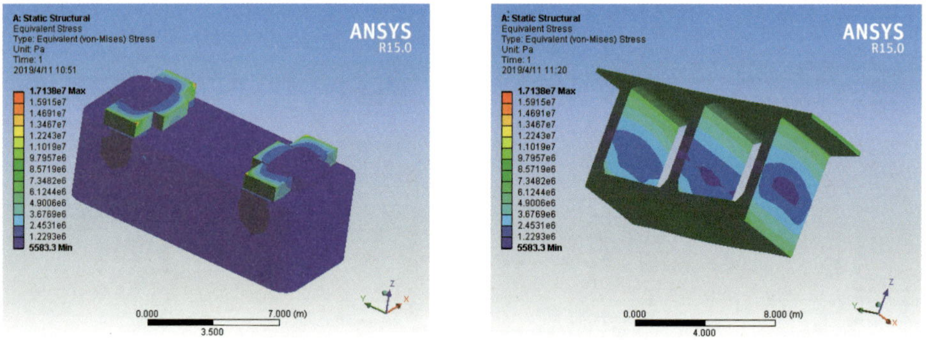

(e)转动速度为0.08rad/min

图 3.48　不同转动速度下的墩梁等效应力云图

由图 3.48 可知，不同转动速度下，应力分布、应力值均没有发生明显变化，说明转动速度对主梁的影响很小。最大应力均出现在梁底墩梁连接处的临时锚固和支座位置，这是由于该处截面突变，出现应力集中的现象。在施工时，应注意该处混凝土的振捣，确保临时锚固的施工质量。该处的最大应力为 17.1MPa，小于 C55 混凝土的强度标准值 35.5MPa。一般情况下，为了保证转体过程的稳定，会采用一个很小的转动速度，本桥在设计转动速度 0.02rad/min 下，也是安全的。

参 考 文 献

[1] 刘明辉. 跨越既有铁路线桥梁平转体施工技术及应用[M]. 北京: 科学出版社, 2016.

[2] 李传琳, 车文庆, 何海滨, 张煜, 张敦宝, 王琦, 李万雄, 蒋永联, 姚志国, 何江波, 罗廷斌, 李鸿波. 高空墩身中部转体装置[P]. 中国: CN207904783U, 2018.

[3] 尚晓江, 等. ANSYS 结构有限元高级分析方法与范例应用[M]. 北京: 中国水利水电出版社, 2006.

[4] J Zhang, TE E-lDiraby. Constructability analysis of the bridge superstructure rotation construction method in China[J]. Journal of Construction Engineering and Management, 2006, 132(4): 353-362.

[5] 庄茁. 基于 ABAQUS 的有限元分析和应用[M]. 北京: 清华大学出版社, 2009.

[6] 刘鸿文. 高等材料力学[M]. 北京: 高等教育出版社, 1985.

[7] 中华人民共和国交通部, 中交第一公路工程局有限公司. JTG/T F50—2011, 公路桥涵施工技术规范[S]. 北京: 人民交通出版社, 2011.

[8] 魏峰, 陈强, 马林. 北京市五环路斜拉桥转动体不平衡重称重试验分析[J]. 铁道建筑, 2005(04): 4-6.

[9] 鲁建生, 杨永宏, 刘继龙. 保阜高速公路跨京广铁路转体桥称重试验研究[J]. 铁道建筑技术, 2009(05): 106-109.

[10] 蔡军田. 客专大跨度连续梁转体施工平衡称重分析[J]. 城市道桥与防洪, 2013(02): 69-71+5.

[11] 陈富强, 夏培华. 运梁河特大桥转体梁不平衡重称重试验分析[J]. 中国港湾建设, 2012(03): 57-59.

[12] 宋满荣, 柳炳康, 杨玉龙, 冯然. 跨大秦铁路大桥转体称重试验及配重研究[J]. 世界桥梁, 2015, 43(06): 63-67.

[13] 张朝晖. ANSYS12. 0 结构分析工程应用实例解析[M]. 北京: 机械工业出版社, 2010.

[14] 王新敏, 李义强, 许宏伟. ANSYS 结构分析单元与应用[M]. 北京: 人民交通出版社, 2011.

第 4 章　墩中转体施工工艺

6 号、7 号墩体施工中，先施工主墩桩基、桥台，再施工墩身，墩顶施工转动系统，在铁路两侧平行铁路悬臂施工 2×43m 预应力混凝土梁，待梁体满足设计要求之后，拆除支架使 T 构处于悬臂状态，并进行试转。转体时，转角速度按 0.02rad/min 控制，小里程转角 21.54°（21°32′24″），转时 19min；大里程转角 25.76°（25°45′36″），转时 23min。转体就位后，锁定上下球铰，固封转体结构，浇筑合龙段的 2m 和边跨段剩余 9m 梁段及桥面系。转体质量估算约为 7350t。转体施工流程如图 4.1 所示。

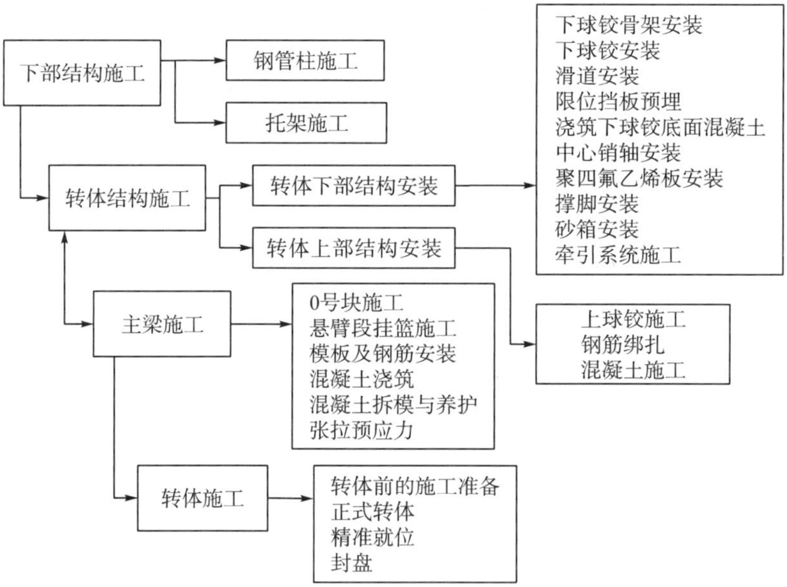

图 4.1　转体施工流程图

4.1　钢管支架与托架安装

本桥采用墩中转体施工法，由于墩身顶面空间较小，不能满足转体下部结构的施工，因此在墩身四周搭设钢管柱，建立施工作业平台，后续连续梁施工也要利用钢管柱作业平台。同时，墩柱顶面纵向宽度为 6m，而转体滑道直径为 7m，墩柱顶面的宽度不能满足滑道的要求，设计上在墩柱纵向上预埋双层工字钢形成托架，从而支撑滑道。钢管柱及托架如图 4.2 和图 4.3 所示。

图 4.2　钢管柱

图 4.3　托架

4.1.1　钢管柱施工

钢管柱支架为转体构件的安装操作平台，同时便于现场转体施工和为连续梁 0 号块施工提供支撑平台。钢管柱是直径为 630mm，壁厚为 16mm 的钢管。竖向钢管和钢管之间用法兰连接，法兰和钢管焊接牢固，法兰和法兰之间用高强度螺栓连接，横向钢管和钢管之间用槽钢连接。钢管柱基础采用扩大基础，基础承载力必须达到 300kPa，浇筑 50cm 以上厚的 C30 钢筋混凝土。在墩身施工时应在墩身预埋钢板，预埋钢板必须埋设牢固，必要时可焊接钢筋进行加强，预埋件埋设位置应与槽钢连接位置平齐，并保证其精度。在墩柱上埋设预埋件和钢管柱，支架采用 20 号槽钢相连，连接部位加焊锚筋。

钢管柱支架布置如图 4.4 和图 4.5 所示。

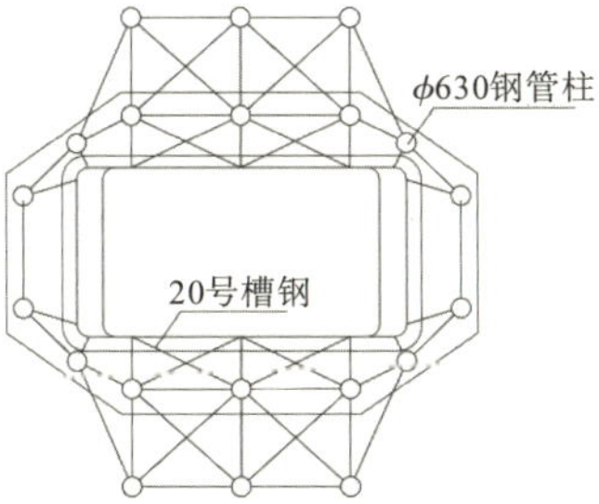

图 4.4　钢管柱平面布置图

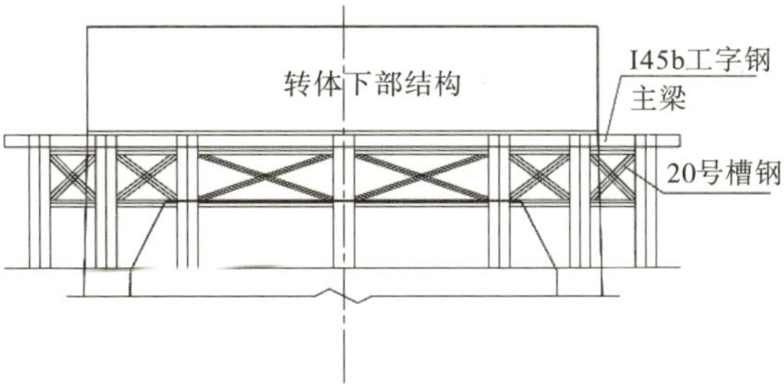

图 4.5　钢管柱立面布置图(转体施工平台)

1. 转体施工平台搭设

转体部位钢管柱承重梁采用 I45b 工字钢，工字钢一端 50cm 埋设于墩柱内，墩柱施工时在相应位置预留孔洞，承重梁平面位置如图 4.6 所示。

分配梁采用 I20b 工字钢，间距为 1m，局部位置根据情况可适当调整。分配梁之间用 10 号槽钢连接，如图 4.7 所示。

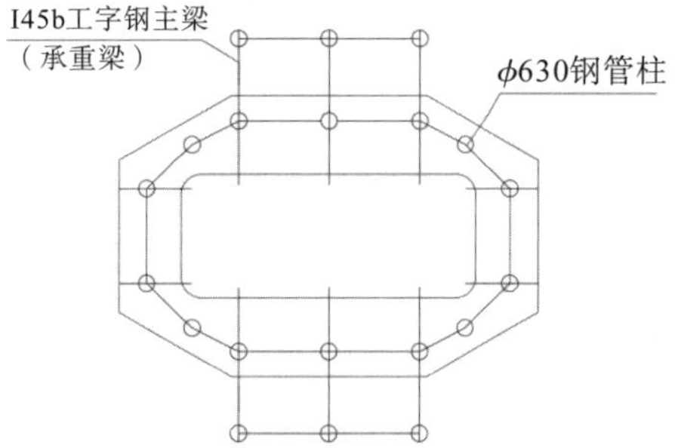

图 4.6 承重梁平面布置图

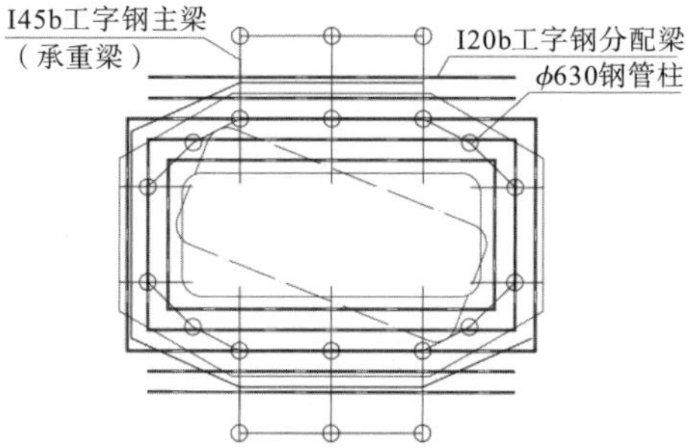

图 4.7 分配梁平面布置图

施工平台采用 5mm 钢板满铺，钢板铺设平整，需要加固的部位可采用角钢焊接牢固。

2. 转体上部结构支架施工

墩柱为转体施工墩柱，上部墩柱和下部结构不在同一铅垂面上，在施工上部墩柱时，模板的固定和定位是施工的难点，该部分也是转体施工的重要部位。

转体上转盘支架采用 ϕ630 的钢管，钢管与转体平台下的钢管柱同轴，并保证钢管固定牢固，钢管柱设立在顺桥向两侧，各安装 3 根，如图 4.8 所示。上转盘部位钢管柱承重梁采用 I45b 工字钢，工字钢安设在钢管柱上，并进行焊接固定；分配梁采用 I25b 工字钢，间距 1m 进行铺设。一端安设在墩柱上(下转盘顶面)，一端放置在承重梁上。钢管和承重梁之间用角钢焊接牢固，并保证承重梁(I45b 工字钢)水平，且稳固可靠，分配梁(I25b 工字钢)间距为 1m，均匀分布。

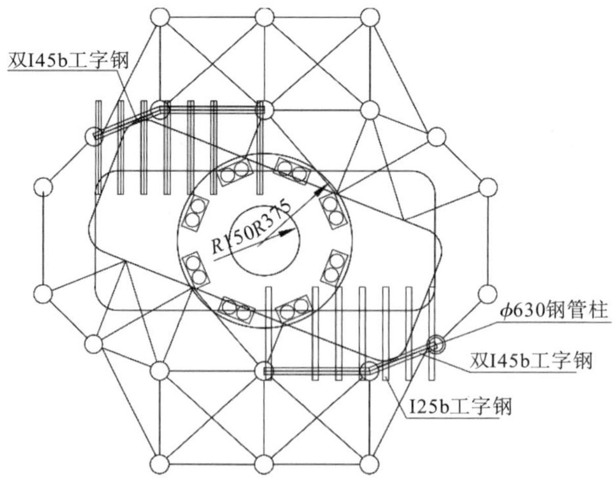

图 4.8 钢管柱位置布设图

在 I25b 工字钢上安设顶托，顶托高度约为 70cm，顶托上布设 I12 b 工字钢，工字钢和顶托保持稳固。I12 b 工字钢上布设 15cm×15cm 的方木作为龙骨支撑，方木上铺设竹胶板，作为模板支撑，如图 4.9 所示。

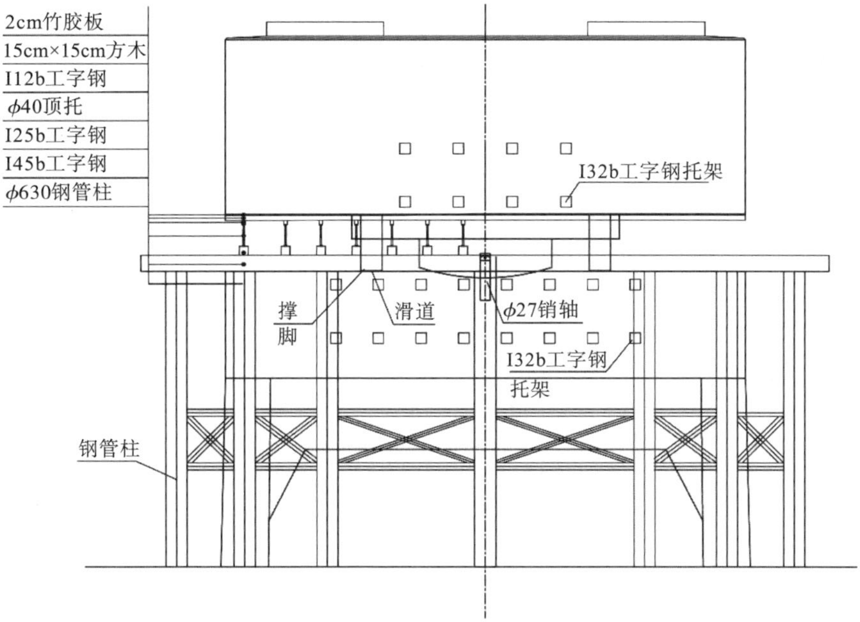

正面图

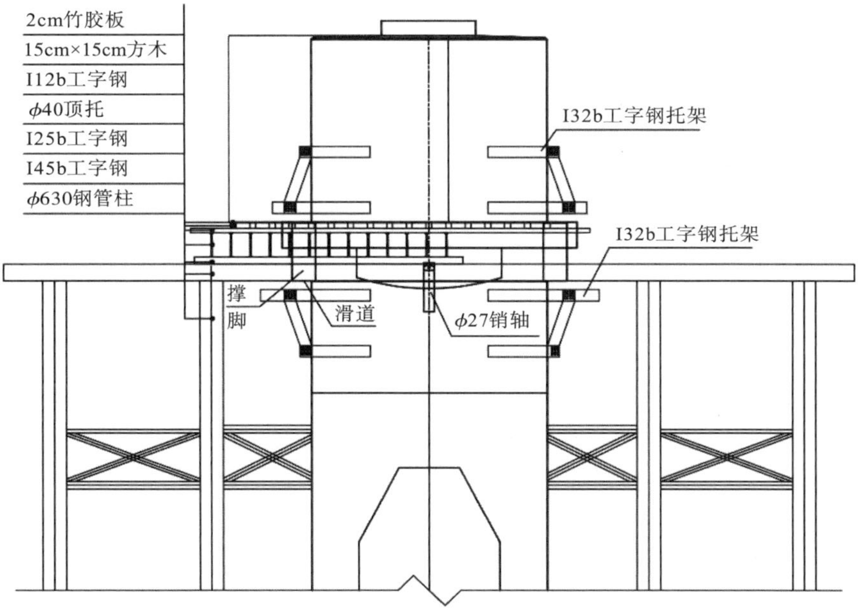

侧面图

图 4.9　模板支撑体系图

3. 0号块钢管柱支架搭设

0号块混凝土重量较大，对钢管柱的搭设要求较高，钢管柱与基础之间采用焊接预埋筋及加强钢板(15mm 钢板)进行锚固，各钢管之间采用焊接[10a 槽钢进行纵横连接(考虑到高度为47m，均匀设四道连接)，钢管柱顶铺设2cm厚钢板用于增加横梁与钢管柱之间的接触面积，横梁为I45b工字钢，纵梁采用I25b工字钢，工字钢顶部铺设15cm×15cm方木。

0号块支架分为两个部分：施工平台支架和承重支架，如图4.10所示。施工平台支架主要是用于施工人员施工作业和放置小型机具的平台，不做荷载承重。承重支架主要用于承受0号块主体结构荷载，还包含模板和其他荷载。

横梁为I45b工字钢，双排布置。工字钢和钢管柱连接采用2cm钢板进行焊接，在布设时保证工字钢的水平。在底板宽11.9m范围内墩身顺桥向布设I25b工字钢桁架作为主纵梁，纵梁平均中心间距为100cm，在翼板和腹板部位加密工字钢，翼板布设4根I25b工字钢，腹板布设5根I25b工字钢，如图4.11所示。纵梁顶部横桥向铺设15cm×15cm方木，方木上铺竹胶板底模，在翼缘板范围每侧放2根双拼I25b工字钢作为主纵梁，以形成侧模支撑托架。

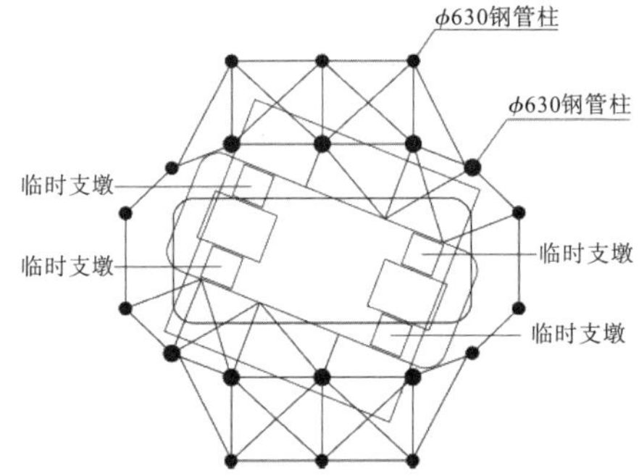

图4.10 施工平台钢管布置平面图

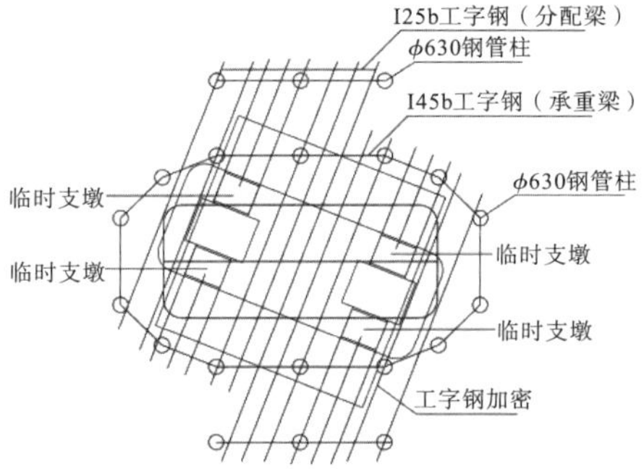

图4.11 横、纵梁平面布置图

4.1.2 托架施工

托架分为转体下部结构托架和转体上部结构托架两个部分，下部结构托架主要支撑滑道，上部结构托架主要支撑撑脚。转体上、下部结构托架均采用双层工字钢整体连接进行受力，两层工字钢之间采用槽钢连接，如图4.12所示。

下部结构托架分为两层，第一层托架在下转盘顶面以下2.024m处位置，第二层与第一层间距为1.2m。托架构造示意图如图4.13所示。

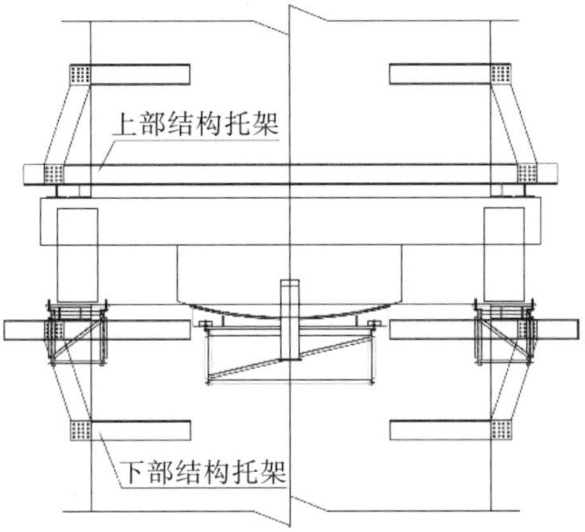

图 4.12　转体上、下部结构托架

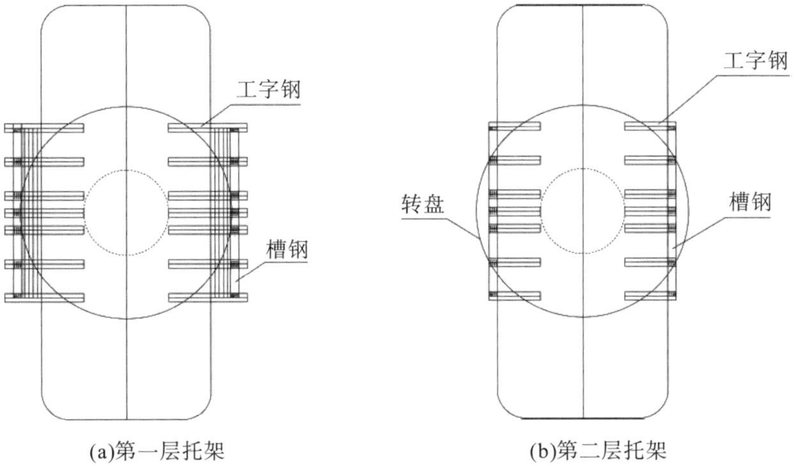

图 4.13　下部结构托架示意图

(1) 第一层托架由左右两侧14 根工字钢组成，每根工字钢长度为 2.8m，预埋 1.5m，预埋部分应缠绕 U 型箍筋，U 型箍筋间距为 30cm，U 型箍筋与型钢采用焊接。

(2) 第二层托架由左右两侧14 根工字钢组成，每根工字钢长度为1.8m，预埋 1.5m。工字钢之间用 20 号槽钢连接，连接方式为螺栓连接。

(3) 第一层和第二层用 20 号槽钢连接，连接方式为螺栓连接，工字钢在工厂加工时，与槽钢连接处应割除翼缘部分，如图 4.14 所示。

(4) 滑道骨架与平台工字钢产生干扰时，可截断滑道骨架，并把截断的型钢焊接在工字钢相应的位置。

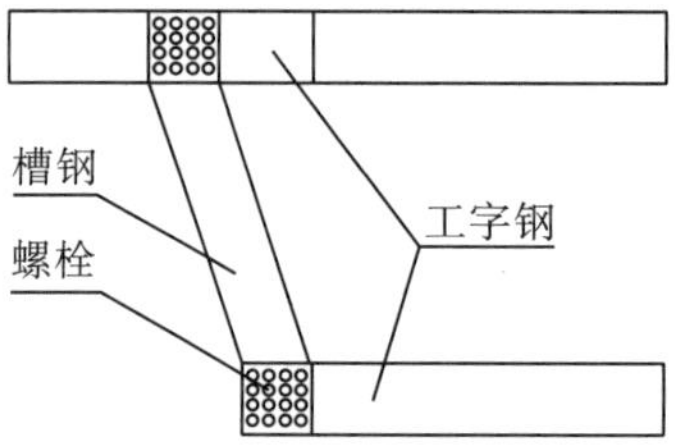

图 4.14 工字钢与槽钢连接示意图

上部结构托架分为两层，第一层托架在上转盘顶面以上 20cm，第二层与第一层间距为 1.2m。托架构造示意图如图 4.15 所示。

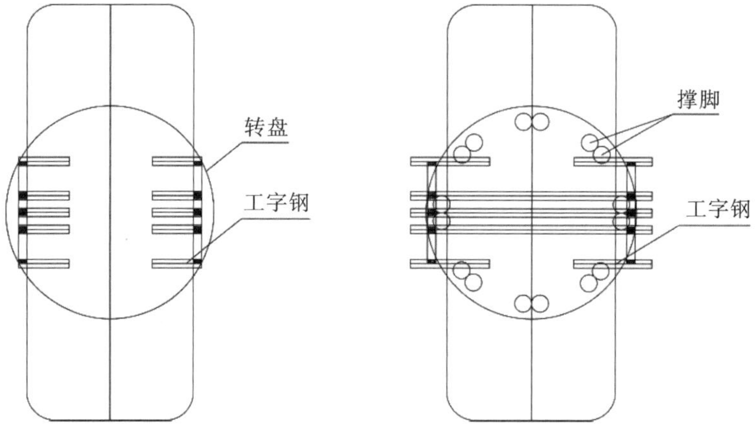

(a)第一层托架 (b)第二层托架

图 4.15 上部结构托架示意图

⑴第一层托架由左右两侧 10 根工字钢组成，每根工字钢长度为 1.8m，预埋 1.5m，预埋部分顶部缠绕 U 型箍筋。

⑵第二层托架由左右两侧 7 根工字钢组成，其中 4 根工字钢长度为 2.5m，预埋 1.5m，另外 3 根工字钢长度为 8.0m。工字钢之间用 20 号槽钢连接，连接方式为螺栓连接。

⑶第一层和第二层用 20 号槽钢连接，连接方式为螺栓连接，工字钢在工厂加工时，与槽钢连接处应割除翼缘部分。

4.2 转体结构施工

转体系统由上下球铰、撑脚、滑道、定位骨架和牵引系统组成，转体系统以球铰支承为主，撑脚起抗倾覆作用，采用液压同步千斤顶作为牵引动力施加转动力矩。转体系统的球铰支承是支承转体结构全部重力的基础。首先球铰安装顶口务必水平，上下球铰间按设计位置镶嵌聚四氟乙烯板，聚四氟乙烯板间涂抹黄油和聚四氟乙烯粉；然后进行撑脚的安装，精确定位以后安装砂箱；最后安装反力座，完成牵引系统的施工。上下球铰吻合面外周用胶带缠绕密实以做到防尘、防水、防锈。上转盘附着在下转盘上安装，固定成型后，试平转运行，检查无误后在支架上绑扎主墩钢筋、立模板、浇筑上承台及墩身混凝土，完成上转盘施工。

转体部件必须三证齐全，需严格按照设计图纸尺寸及要求对所有部件进行检查。转体构件安装精度在 0.5mm 内，该精度主要针对转体过程中的转面水平度、接触面光滑度，直接影响转体的成败。转动球铰是整个转体的核心，所以对于球铰的制作和安装要求精度很高，上下球铰安装要保证球面的光洁及椭圆度。转铰安装过程中，滑道骨架、滑道板调平、下球铰调平与接触面清理为关键控制环节，利用高精度的全站仪和电子水准仪进行精平工作，采集各点位数据，统计分析，再反馈至现场，将每个点位精度控制在设计要求范围内。

4.2.1　转体下部结构安装

下球铰平面往下 3m 范围为转体下部结构，转体下部结构与下墩身相连，转体上部结构与上墩身相连，该部位结构复杂，特别是相应的预埋件较多，施工难度较大。

1. 下球铰骨架安装

下球铰定位骨架是保证下球铰安装精度的前提，骨架应精确定位，钢筋布置要避开球铰骨架及下套筒，定位骨架由加工厂专业加工，满足其精度和质量要求。骨架角钢顶面相对位置高差小于 5mm，下球铰和骨架连接时，由螺母校平，球铰正面高差小于 0.5mm。

下球铰定位架安装采用定位钢筋、定位型钢和调平垫板相结合的方式，如图 4.16 所示。下转盘混凝土首次浇筑时，预埋球铰定位架的定位钢筋，定位架安装前，用全站仪测设定位架的中心和轴线，在定位架底部对应位置设置调平垫板，

图 4.16　下球铰定位架安装

各垫板顶面高差控制在1mm以内，定位架安装时用吊车吊入，然后调整其顶面高程并精确对中，同时安装定位型钢，将定位架与其定位钢筋、定位型钢焊接牢固，平面位置采用“十”字法对中，纵、横向误差小于1mm，最后对定位架中心和高程进行复测，直至满足设计要求。

2. 下球铰安装

下球铰直径为301.4cm，中心设ϕ27mm的钢转轴，在球铰底中心设置ϕ31mm的钢轴套，以避免在转体过程中上、下球铰中心偏离，并使铰中心与下盘中心完全吻合。上、下球铰中间用聚四氟乙烯板和一定配比的黄油聚四氟乙烯粉作为减小摩擦力的介质。

下球铰安装按如下步骤进行：

(1) 槽口清理。首先根据设计位置采用精确测量放样对槽口进行检查，对不满足设计的地方进行处理；然后对槽口内混凝土面进行凿毛处理；最后将槽口内及钢筋上的碎砟、水泥浆清除。

(2) 拼装下转盘球铰。下转盘球铰运到现场后进行检查，主要对下转盘球铰表面椭圆度及结构进行检查，看是否满足设计加工要求。

(3) 下球铰精确定位及调整。利用球铰定位骨架及调节螺栓将下球铰悬吊，通过千斤顶调整中心位置，然后依靠千斤顶和调节螺栓调整标高，反复调整直至下球铰的中心和标高满足误差要求，如图4.17所示。

(4) 下球铰复测。下球铰精确定位及调整完成后，对下转盘球铰的中心、标高、平整度进行复查；中心位置采用精度大于0.5s的全站仪进行检查，标高采用电子水准仪进行多点复测，精确定位及调整完成后，对下转盘球铰的中心、标高、平整度进行复查；中心位置利用全站仪进行检查，标高采用精度为0.01mm的电子水平仪进行多点复测(图4.18)，经检查合格后对其进行固定；竖向利用调整螺栓与横梁之间拧紧固定，横向采用在承台上预埋型钢，合格后立即固定。

图4.17 下球铰安装

图4.18 下球铰复测

(5) 下球铰安装要注意的是，球铰圆周顶面处各点相对误差不大于 0.5mm，安装完毕后立即锁定，采取保护措施，及时覆盖整个下转盘，防止后续施工磕碰、污染球铰面。

3. 滑道安装

转体下部结构施工时精确定位并预埋滑道骨架(图 4.19)，2.4cm 厚环形钢板通过螺栓与骨架连接并精调高度，钢板上焊接 3mm 厚不锈钢板，聚四氟乙烯板与不锈钢板间形成滑动面(图 4.20)。滑道为不锈钢板和聚四氟乙烯板组成的滑动面，其宽度为 50cm，墩底全宽设置。滑道骨架及滑道钢板均由专业厂家按照设计图纸进行生产加工，刚度及材料性能满足相关要求，平整度合格。运至现场后项目部组织验收。

图 4.19　安装滑道骨架

图 4.20　安装滑道

滑道安装按如下步骤进行：

(1) 在墩柱的顶面预留 2cm 深滑道槽口，下层钢板与聚四氟乙烯板的粘贴由专业厂家分块施工，现场组拼。

(2) 施工前将槽口清洗干净，用环氧砂浆贴底层钢板，同时用预埋钢筋固定钢板，聚四氟乙烯板的平面高差控制在±0.5mm，接缝相对高差为 0.2mm，转动时前进方向只能为负误差。

(3) 安装时每块钢板测 4 个点，逐块调整，直至满足误差要求。不锈钢板位于聚四氟乙烯板之上，与上层钢板采用环氧树脂粘贴，和墩身浇在一起。

(4) 其前口应向上卷成圆弧形，防止转动时刮板。

(5) 测量放样，准确定位出滑道的环形安装线。

(6) 吊车配合人工，精细吊装滑道及钢板构件。反复复测、精调。精调定位后及时与预埋件牢固焊接。

由于箱梁 T 构的前后左右质量相对于钢轴很难保证平衡，箱梁转体的稳定就由滑道来控制。滑道的平整度将直接影响顶推力和梁体标高的变化。施工应严格控制滑道平面位置及高程，要求整个滑道面在一个水平面上，其相对高差不大于2mm，环道钢板顶面局部平面度高差小于0.5mm。为保证滑道安装的精度，提高安装效率，滑道骨架与24mm厚钢板提前用可调节螺丝锚固，骨架顶面环形均匀布设两道共80个精调装置。精调装置采用骨架顶面焊连开长孔的小角钢，再连接长150mm的M20×0.5mm细牙普通螺杆方式，并将滑道骨架、钢板分为四等分圆，拼合后焊接。

4. 限位挡板预埋

按设计要求绑扎下球铰底部钢筋及滑道投影面下钢筋。根据实测转角，精确放样，定位限位挡板槽钢的位置，预埋槽钢，如图4.21所示。埋入深度不得小于设计值，铅直度满足要求，定位及调直后与钢筋骨架焊接牢固。

5. 浇筑下球铰底面混凝土

为保证混凝土与下球铰、滑道底面接触密实，保障施工质量，采用C50微膨胀混凝土进行浇筑。浇筑过程中对球铰及滑道处振捣时应小心施作，避免对精调好的构件产生扰动，禁止在球铰、滑道处冲击卸料。为防止后期施工过程中水或杂物进入上下球铰之间的空隙，施工时下转盘混凝土顶面比下球铰顶面低2cm。下球铰因面积较大，球铰预留振捣孔洞(图4.22)，振捣完成后再封闭。

图4.21 限位挡板预埋件

图4.22 下球铰预留混凝土浇筑孔

为了避免操作过程对已精确定位的下球铰产生扰动，在混凝土浇筑前搭设工作平台，施工人员在工作平台上作业，严格控制混凝土浇筑，加强混凝土的养护。混凝土凝固后采用中间敲击边缘观察的方法进行检查，对混凝土收缩产生的间隙用钻孔压浆的方法进行处理。

6. 下球铰面、定位销孔清理

浇筑的混凝土达到一定强度，全面凿毛，冲洗清理干净后打开下球铰覆盖膜。对下球铰平面位置及高程进行复测，使误差值满足设计要求。对球铰面进行清理、打磨光滑，清理销孔，如图 4.23 所示。打磨完成后进行吸尘，擦洗干净，保证球铰面及销孔无尘、无水，如图 4.24 所示。中心销轴和销轴套筒应除去水分和杂物，必要时可采取打磨或酸洗去除铁锈。

图 4.23　下球铰面清理

图 4.24　下球铰面吸尘

7. 中心销轴安装

将黄油聚四氟乙烯粉（黄油∶聚四氟乙烯粉=120∶1）配置混合好。在中心销轴套管中放入黄油聚四氟乙烯粉，然后将中心销轴轻轻放入套管中，放置时注意保证中心销轴竖直并与周围间隙一致，如图 4.25 所示。

图 4.25　中心销轴安装

8. 聚四氟乙烯板安装

清理吸尘完成后，进行下球铰聚四氟乙烯板安装，如图 4.26 所示。在下球铰凹球面上按顺序由内到外安装聚四氟乙烯板，保证其顶面位于同一球面上，误差不大于 1mm。

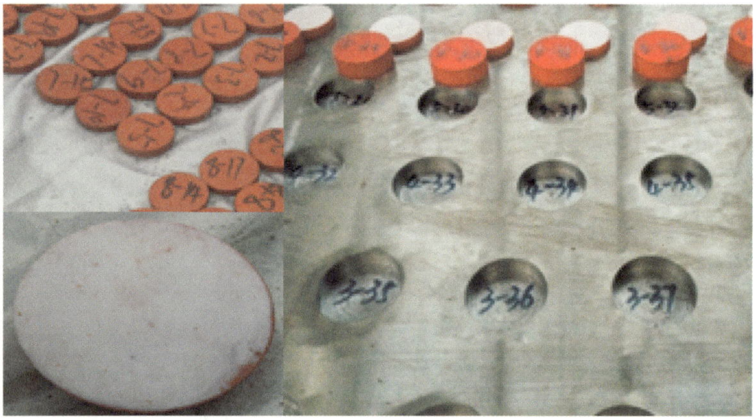

图 4.26　聚四氟乙烯板安装

聚四氟乙烯板安装完毕，将黄油聚四氟乙烯粉填至下球铰凹球面上，填满聚四氟乙烯板之间的间隙，黄油面与聚四氟乙烯板面相平。整个安装过程注意保持球面清洁，不要将杂物带至球面上。滑块及销轴安装完成、检查合格后，在球面上各聚四氟乙烯板间涂抹黄油聚四氟乙烯粉，使黄油聚四氟乙烯粉均匀充满聚四氟乙烯板之间的空间，并略高于聚四氟乙烯板，保证其顶面有一层黄油聚四氟乙烯粉，如图 4.27 所示。

9. 撑脚安装

撑脚为转体时支撑转体结构平稳的保险腿，转体时撑脚可在滑道内滑动，同时也承受转体过程中的不平衡力，以保持转体结构平稳。上转盘共设 8 个撑脚，撑脚支撑力、位置经过计算，构造满足要求，如图 4.28 所示。

图 4.27　涂抹黄油聚四氟乙烯粉

图 4.28　安装撑脚

撑脚采用钢管混凝土结构，Q345d 钢管厚度为 16mm，外径为 600mm，内填 C50 微膨胀混凝土。钢管下设 30mm 厚钢走板，走板底面加工精度为 3 级，多个撑脚底部水平高程高差不得大于 2mm。钢管中部焊接厚 25mm 的扇形钢板，钢板底面与上转台底面平齐。走板下设 5mm 聚四氟乙烯板，为防止污染及破坏，聚四氟乙烯板在后期转体前安装。撑脚构造如图 4.29 所示。为保证撑脚与滑道间的 15mm 间隙，在撑脚安放前需制作 15mm 厚的砂槽。现场采用厚 15mm 的木条做 600mm×400mm 矩形框架，框架内填 15mm 厚的压实过的石英砂作为砂槽。砂槽及撑脚安装后四周用防雨布进行包裹，防止雨水侵入，槽内砂子流失。

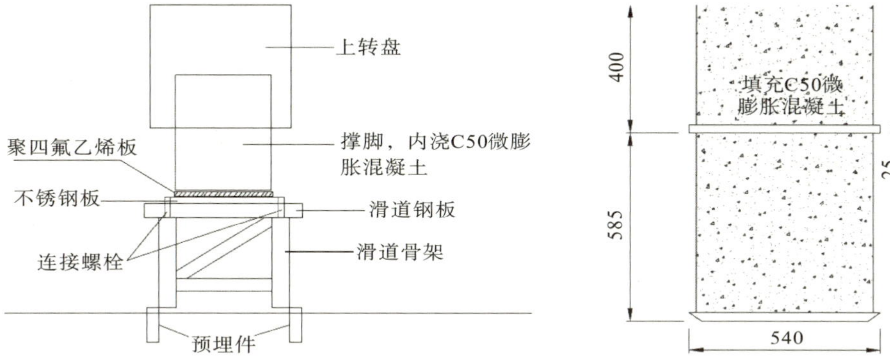

单位：mm

图 4.29 撑脚构造图

10. 砂箱安装

为保证上承台施工期间的体系稳定性，在上下转盘之间设置 8 个砂箱作为临时支撑结构，用来支承上转盘和上部结构的重力，也便于在转体前解除临时支撑及模板拆除，如图 4.30 所示。

图 4.30 砂箱安装

每个砂箱理论承重能力为 3200kN，采用 ϕ400 mm 钢管，钢管壁厚 14mm，填充经烘干处理过的石英砂(图 4.31)。砂箱安装前必须对砂箱进行预压(图 4.32)，以检验砂箱的承载力。同时使砂箱内石英砂挤压密实，以消除砂箱自身受力压缩沉降量，从而保证撑脚底部与滑道之间的间隙。

图 4.31 砂箱

图 4.32 砂箱预压

砂箱顶部直接与上转盘混凝土面相接触，施工上转盘底模时，在设置砂箱的位置预留砂箱孔洞。砂箱下部采用薄橡胶皮支垫避免刮伤滑道钢板面。

11. 牵引系统(反力座)施工

平转牵引体系由牵引动力系统、牵引索、反力座、锚固构件组成，如图 4.33 所示。转体施工设备采用全液压、手制一体、连续运行系统，具有同步、牵引力平衡等特点，能使整个转体过程平衡，无冲击颤动。

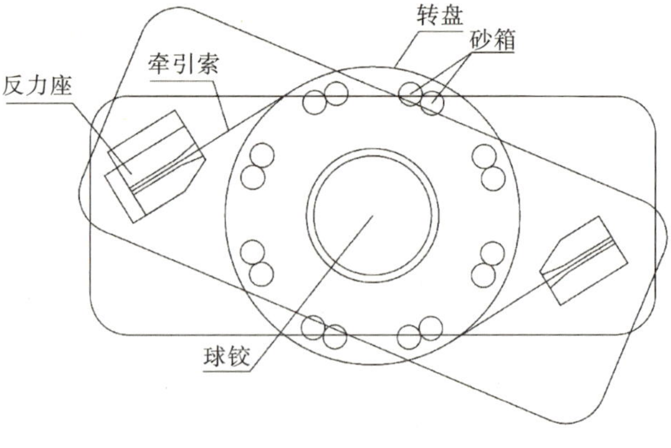

图 4.33 平转牵引体系

每座转体的牵引动力系统由两台 TX-200-J-D 型连续牵引千斤顶、两台 TX-80-P 型液压泵站及一台主控台通过高压油管和电缆连接组成。每台连续牵引千斤顶的公称牵引力为 1000kN，额定油压为 31.5MPa，由前后两台千斤顶串联组成，每台千斤顶前端配有夹持装置。将调试好的动力系统设备运到工地进行对位安装后，往泵站油箱内注满专用液压油，正确连接油路和电路，重新进行系统调试，使动力系统运行的同步性和连续性达到最佳状态。其主要特点是能够实现多台千斤顶同步不间断匀速顶进牵引结构旋转到位，以主控台保证同步加压。本系统兼具自动和手动控制功能，手动控制主要用于各千斤顶位置调试和小距离运动，自动控制作为主要功能用于正常工作过程。

球铰设置有两束牵引索，每束由 13-ϕ^{s}15.2 钢绞线组成，牵引索所用钢绞线需检验合格，外观不得有锈蚀、油污等迹象。牵引索的一端设锚，已先期在上球铰灌注时预埋入上球铰混凝土体内，在钢筋焊接过程中避免对钢绞线造成损伤。每束钢绞线平行缠绕上盘一周，牵引索按缓和曲线平滑过渡至混凝土表面，与牵引盘混凝土面相切，必须保证位置与牵引方向一致，预埋位置和高程控制准确。预埋的牵引索逐根顺次沿着既定轨道排列缠绕后，穿过千斤顶。牵引索安装完成后，外露部分用彩条布严密包裹，避免锈蚀、污染，如图 4.34 所示。

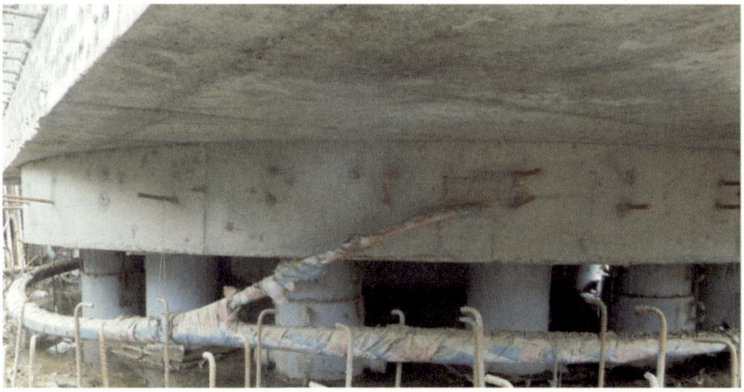

图 4.34　牵引索

牵引索的安装应注意如下几个问题：锚固长度足够；出口处不留死弯；预留的长度要足够并考虑 4m 的工作长度；牵引索安装完到使用期间应注意保护，特别要注意防止电焊打伤或电流通过，要注意防潮、防淋，避免锈蚀；牵引索锚固点、牵出点应对称于转盘中心，锚固处、出口处不留死弯，单束钢绞线无打结现象，整体布置圆顺。

反力架和锚固构件均采用钢板和型钢焊接的组合构件，如图 4.35 所示。转体的左、右幅分别单独成为一套牵引体系。锚固构件采用 20mm 16Mn 钢板组焊预埋在球铰内，锚固构件按照计算拉力控制计算；反力架设置在墩顶上，反力架是由型钢和钢板组焊而成，转体下部结构(墩顶)施工时，预留槽口，上部悬臂箱梁施工基本结束后，进行反力架安装，调整到安装精度要求后固定，并浇筑预留槽口内的混凝土，反力架按照张拉力控制计算。

图 4.35 反力架和连续千斤顶

4.2.2 转体上部结构安装

转体上部结构安装主要是上球铰和牵引索的安装，上球铰(牵引盘)高 0.7m，直径为 7.5m，总高度为 1.6m。上球铰钢筋布置应避开上套筒，纵横向钢筋应在撑脚处打断。

1. 上球铰施工

上球铰直径约为 370cm，球面板和加强板采用 Q345 钢板，如图 4.36 所示。安装时，将上球铰吊起，在凸球面上涂抹一层黄油聚四氟乙烯粉，然后将上球铰对准中心销轴轻落至下球铰上，如图 4.37 所示。用拉链葫芦微调上球铰位置，使之水平并与下球铰外圈间隙一致，安装时，上、下球铰形心轴、转动轴务必重合，其误差不大于 1mm，球铰平面相对高差小于 0.5mm。安装后，去除被挤出的多余的黄油，用宽胶带纸将上、下球铰边缘的缝隙密封，等待使用。

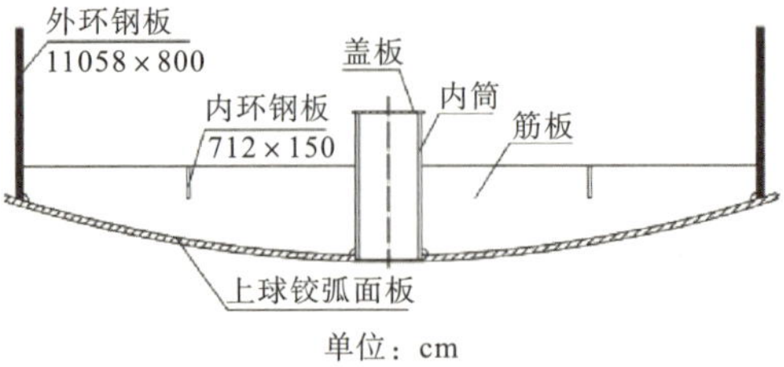

图 4.36 上球铰构造示意图

图 4.37 安装上球铰

2. 钢筋绑扎

上转盘钢筋应按照图纸要求进行绑扎，钢筋搭接不得小于规范要求。钢筋绑扎时，应调整好其主筋与钻孔桩主筋的位置，绑扎或焊接牢固。钢筋外侧绑扎与混凝土同级别的混凝土垫块，以确保保护层厚度满足要求。钢筋绑扎按顺序进行，从下而上，从内向外，逐根安装到位，避免混乱。安装成型的钢筋做到整体性好，尺寸、位置、高程等符合验收标准，如图 4.38 所示。

图 4.38　上转盘钢筋绑扎

3. 混凝土施工

转体上部结构上转盘球铰钢箱内灌注 C50 微膨胀混凝土，转体采用 C50 混凝土进行浇筑。上球铰钢箱内混凝土要进行充分的振捣，且振动器不得触碰球铰转盘，造成转盘移位。已经浇筑的混凝土充分振捣密实后上层混凝土采用单方向整体推进浇筑，浇筑层厚控制在 50cm 左右，即让混凝土将盘面充分掩埋。为了保证混凝土的密实度，还需从上盘墩身预留的灌注口进行压浆。

4.3 主 梁 施 工

转体系统安装完成后，即进入连续梁悬臂浇筑施工，其施工工艺流程如图 4.39 所示。

4.3.1 施工准备

连续梁施工前，根据桥梁施工组织设计，提前安排机械设备进场。施工所需要的原材料提前计划，在施工前按施工进度顺序到场，所有物资设备到场后，应按要求对原材料进行抽检。同时，需对参加施工的人员进行安全、技术培训，做

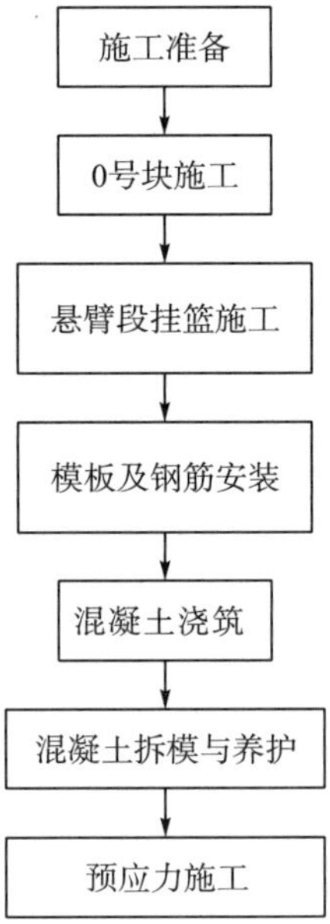

图 4.39 悬臂浇筑施工工艺流程图

好安全和技术交底。让施工人员对本桥特点、施工工艺流程、质量标准及操作要求、施工安全注意事项、既有线施工注意事项进行了解和掌握。做好施工前测量工作，进行高程控制网及平面坐标控制网的复核测量，必要时布设加密控制点。做好相关配合比试验选定，包括 M40 硫黄砂浆、C55 微膨胀混凝土、C55 梁体混凝土、M55 张拉孔砂浆。

4.3.2 0 号块施工

0 号块施工工艺流程如下：施工准备→钢管柱支架搭设→临时及永久支座安装→底模安装→支架预压→外侧模安装→底板钢筋绑扎→内模安装→腹板、隔板钢筋安装→腹板预应力管道安装→顶模、端模安装→顶板钢筋及预应力管道安装→混凝土浇筑、养护→端模及侧模拆除、梁端凿毛→预应力张拉→预应力孔道压浆、封锚→底模、内模及支架拆除。

1. 钢管柱支架搭设

0 号块支撑钢管柱与转体部位支撑钢管柱为同一体系，只需将转体支撑钢管柱接长连续固定。钢管柱是直径为 630mm，壁厚为 16mm 的钢管，钢管柱分段法兰连接采用 20 根钢管全包围墩身的形式布置，具体布置方式(正面和侧面)如图 4.40 所示。采用 20 号槽钢作为剪刀撑连接各钢管和墩身预埋件，分配梁采用 I45 工字钢布设。6 号、7 号墩整个钢管柱支撑构件重量为 4250kN。

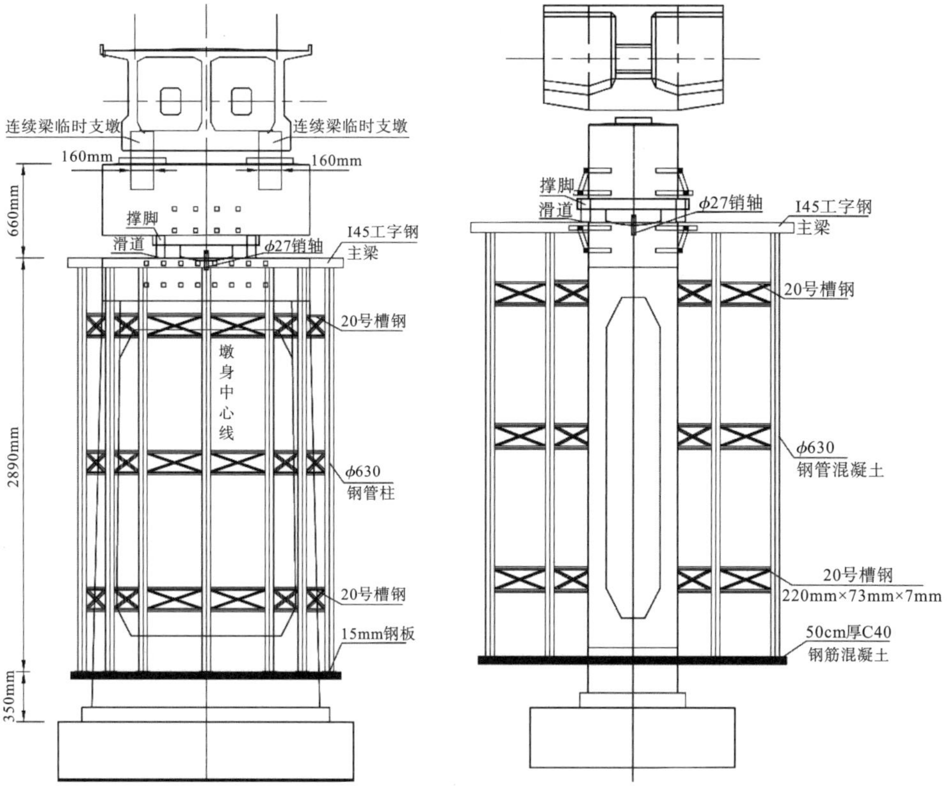

(a)正面图　　(b)侧面图

图 4.40　0 号块施工示意图

2. 支架预压

支架预压采用沙袋堆码方式。按支架结构验算合适的受力分布位置加载沙袋。预压荷载不小于最大施工荷载的 1.2 倍，以检验支架的整体承载能力和消除支架的非弹性形变，并观测弹性形变量。加载时按施工荷载的 60%、100%、120%三级加载。各级加载后，静置 1h，观测支架及模板的竖向和横向变形值。第三级加载后静停 24h 开始分级卸载，并逐级观测弹性变形值。预压过程中如发现局部变形过大，应立即停止加载，及时查找原因，采取补救措施。

3. 临时及永久支座安装

连续梁临时支座需要承受梁体压力和施工过程中的不平衡弯矩，且在施工过程中，保证永久支座不因梁体形变而受力。大树村龙川江三线大桥临时支墩设计为墩梁四周混凝土支墩的形式，设计位置在支承垫石前后侧，共 4 个。平面尺寸为横桥向 200cm，纵桥向 160cm。永久支座和垫石组合高度为 90cm，临时支墩高度比永久支座高 2mm。临时支墩整体为 C50 钢筋混凝土，中央设置 5cm 厚 M40

硫黄水泥砂浆。

临时支墩施工时，为了方便后期拆除时，与墩顶和梁底接触面平整，可设一层 5mm 厚的层板。临时支墩锚固钢筋的长度必须符合设计要求，若与梁体普通钢筋有冲突时，适当调整梁体普通钢筋的位置，保证临时支墩位置的精度。

连续梁永久支座在底模安装前安装，应满足表 4.1 的要求。支座安装前，应对支座的规格、类型、外观质量进行检查。对支承垫石顶面的凿毛情况进行检查，保证 75%以上新鲜混凝土面露出，将预留螺栓孔清理干净。在安装支座及地脚螺栓时，在下支座四角用钢楔块进行调整，找正支座纵向中线位置，使之符合设计要求，用环氧砂浆灌注地脚螺栓孔及支座底面垫层。纵向活动支座安装时，上座板在横桥向应正对安装，纵桥向的位置需根据合龙温度和安装后梁体的收缩徐变预留各活动支座纵向偏移量，然后浇筑梁体混凝土。

表 4.1 支座安装检验标准

(1) U 型螺栓	①偏离设计位置		10mm
	②外露长度		±10mm
	③中心距		±1mm
(2) 连接角钢	①偏离设计位置		20mm
	②上下两端垂直度		20mm
(3) 支座板	①面板边缘高差	T 梁	2mm
		箱梁	1mm
	②箱型梁每一端两块支座板高差		2mm
	③支墩中心线偏离设计位置		3mm
	④螺栓中心位置		2mm

4.3.3 悬臂段挂篮施工

1. 挂篮构造

挂篮采用菱形结构形式，设计荷载按照最重节段重力的 1.2 倍取值。挂篮主要由主构架系统、行走及后锚系统、吊杆系统、底托系统等部分组成。

(1) 主构架系统。每片菱形架包含上弦杆 1 根、下弦杆 1 根、斜杆 2 根、竖杆 1 根，共 5 根杆件，菱形架均选用大型号槽钢抱方焊接，并加设补强板和腹板加强，防止受力后扭曲。此设计方案各杆件间采用由 $\phi 80$ 的 40Cr 钢销轴销接；在主构架上弦杆前端设有前上横梁，用于悬吊各前吊杆，前上横梁上设置施工操作平台及护栏以便于施工及保障安全；主构架竖杆之间采用中门架连接，加强相邻菱形架的稳定性；挂篮施工时需在两片菱形架外侧设置缆风绳，防止风力过大使菱形架摇摆。

⑵行走及后锚系统。在梁体腹板两侧各预留 2 个直径为 100mm 的精轧螺纹钢筋预留孔，将后锚杆穿过预留孔，下端通过斜垫块和精轧螺纹钢螺母与梁体锚固，上端通过扁担梁锚固于挂篮尾部的后锚梁上；挂篮在浇筑完一段箱梁，混凝土强度达到要求，且预应力筋张拉完毕后，液压千斤顶缓慢均匀地推动两片主桁架向前移动。为减小摩擦阻力，挂篮尾部设反扣轮系统，行走轨道表面设置 10mm 厚的钢板，滑移支座底部设置 4mm 厚的不锈钢板，为便于施工操作，保证轨道便于拆装，设计采用分节撤轨的形式，行走轨道通过梁体的竖向预应力钢筋锚固，无竖向预应力筋时需通过预埋钢筋或者梁体腹板两侧预留孔锚固。

⑶吊杆系统。本方案设计吊杆均采用精轧螺纹钢筋，用千斤顶提升装置来调节底托系统的标高。

⑷底托系统。底托系统由前后托梁、底纵梁、托梁吊架、底模等部分组成；底纵梁与前后托梁采用焊接形式连接。浇筑混凝土时，后托梁通过后吊杆锚固于已浇筑好梁体的底板上，前托梁通过前吊杆与前上横梁相连。

2. 挂篮预压

挂篮预压采用吊车提升水箱的方法进行。压载时间自压载结束到开始卸载为 48h，从开始加载就要布设好观测点(对称分布 6 点)，加载前测得数据，加载按施工荷载的 50%、75%、100%、120%进行。前三级加载完毕分别持荷 60min 后进行变形测量，变形稳定后按 100%、75%、50%、0 分级卸载。通过预压将非弹性变形消除，根据弹性变形结果控制托架的抬高量。

3. 悬臂段挂篮施工工艺

悬臂段挂篮施工工艺目前已经成熟，施工流程如下：施工准备→挂篮拼装与预压→底模、外模就位调整→底板、腹板钢筋及预应力管道安装→内端模就位调整→顶板钢筋、预应力管道安装→混凝土浇筑、养护→拆端模、穿预应力钢筋→预应力筋张拉→落底模、挂篮前移→孔道压浆、封锚。

每个节段挂篮移动流程如下：

⑴当前块预应力张拉、压浆完成并达到一定强度后，拆除锚固在梁体底板的内后吊杆，拆除锚固在梁体顶板的外侧模后提吊杆，调节前上横梁上千斤顶的高度，使外侧模、底模及内模脱离混凝土表面。

⑵拆除后锚钢筋，将倾覆力传递给反扣轮。

⑶在已浇筑好的当前节段铺设与最长混凝土块等长的轨道，并与原有轨道连接为一整根轨道。

⑷行走轨道前端设置有行走附件，利用钢索穿过前滑移支座及行走附件与后端千斤顶相连接。挂篮行走时，内导梁在顶板预留孔处及时安装导梁吊架，保证

结构稳定；挂篮移动必须匀速、平移、同步，采取画线吊垂球或经纬仪定线的方法，随时掌握行走过程中挂篮中线与箱梁轴线的偏差，如有偏差，使用千斤顶逐渐纠正；为安全起见，挂篮尾部用钢丝绳与竖向蹬筋临时连接，随挂篮前移缓慢放松。底模、侧模、主构架及内模系统同时向前移动，直至下一节段块浇筑位置。

(5) 挂篮就位后，进行后锚，将倾覆力由反扣轮传递给后锚钢筋。

(6) 安装下一节段底模后吊带。

(7) 调整下一节段模板位置及标高。

(8) 待下一节段梁段底板及腹板钢筋绑扎完毕后，将内模拖动到位，调整标高后，即可安装梁段顶板钢筋，做好浇筑准备。

(9) 当下一节段浇筑完毕挂篮准备行走时，保持后锚钢筋的锚固状态，拆除锚固轨道的钢筋，同上一节段的移动过程，用千斤顶推动挂篮行走至下一个节段浇筑位置。

4.3.4 模板及钢筋安装

梁段模板及钢筋安装的施工流程如下：外侧(底)模安装→底板钢筋绑扎→内模安装→腹板、隔板钢筋安装→腹板预应力管道安装→顶模、端模安装→顶板钢筋及预应力管道安装。

(1) 侧模安装。侧模采用钢模板加侧模桁架支撑，翼缘板与桁架连成一体。侧模桁架支腿立于支架分布梁上。两侧侧模用ϕ32 精轧螺纹钢筋对拉和内支撑加固，以保证其整体刚度和尺寸的准确。

(2) 底板钢筋绑扎。由于大树村龙川江三线大桥连续梁底宽达到 11m，考虑到钢筋长度因素，在侧模安装完后，进行底板钢筋的绑扎。钢筋绑扎前，须在底模上设置 C55 混凝土垫块，按 4 个/m^2 布置。底板钢筋设计为 3 层钢筋，钢筋层间距较难控制，可采用角钢提前加工钢筋定位卡或每层安装定位骨架。底板钢筋绑扎时，要考虑到临时支墩锚固入梁部分加密 3 层钢筋网，以便后期顶梁加强；泄水孔部位钢筋位置进行适当调整，并增设孔口螺旋钢筋；底板内竖向预应力锚具、管道提前安装并加固好，竖向预应力钢筋做好标志，能一目了然；防落梁预埋钢板应提前在底部安装并固定好，连接套筒外露处应做好缝隙处理。

(3) 内模安装。本桥连续梁为单箱双室结构，内模采用钢模。内模安装前，提前做好平面及高程定位钢筋，最好不与底板钢筋接触。内模位置调整好后，做好固结措施，防止后续施工影响发生位移。

(4) 腹板、隔板钢筋安装。腹板、隔板钢筋安装时，可先安装作为骨架的主筋，做好钢筋定位。既要考虑保护层的厚度满足设计要求，又要考虑与预应力管道位置的冲突。在主筋安装好后，放线标志出纵向、竖向预应力管道位置，与梁体钢筋有冲突时，调整梁体钢筋的位置。还要注意埋设梁体线性观测桩的位置。

(5) 腹板预应力管道安装。本桥 0 号块设计中腹板、边腹板位置都有纵向、竖向预应力管道。纵向预应力管道为非直线，安装时需严格按照管道线形用 ϕ10 钢筋定位，纵向 50cm 一道，在管道转折处做定位加密处理。

(6) 顶模、端模安装。顶模和端模采用钢模。端模安装前，预留纵向钢束槽口、搭接钢筋穿孔。安装时，模板边缘要与侧模内侧密贴，若缝隙较大，应嵌入弹性材料塞缝并使表面封贴平整。

(7) 顶板钢筋及预应力管道安装。顶板钢筋设计为两层，绑扎安装时，进行层间距的定位。竖向预应力锚具、顶板内纵向预应力管道位置若与梁体钢筋冲突，可适当调整梁体钢筋。顶板钢筋绑扎时，还需考虑遇到硬横跨柱基础时钢筋绑扎、避车台预埋 U 型螺栓、跨铁路处泄水管管卡预埋螺栓、挂篮施工相关预埋件、预埋挡砟墙钢筋、挡砟墙上的人行道板支架预埋螺栓、梁体轴线控制测量桩。

4.3.5　混凝土浇筑

在混凝土浇筑时，应按如下步骤进行：

(1) 混凝土浇筑前，检查所有梁体预埋件是否齐全，位置是否准确。预应力管道是否堵塞。

(2) 0 号块梁段体积达到 494m^3，属于大体积混凝土，应做好混凝土内部散热措施，采用内部冷却管的方式。

(3) 混凝土浇筑采用车载 60 泵泵送入模。为降低混凝土入模冲压，混凝土下落口距混凝土面高度控制在 1m 左右，可采用串筒、软管、溜管等方式。

(4) 一次性浇筑成型。从悬臂段开始，向桥墩位置方向浇筑。浇筑时，分层浇筑和振捣，分层厚度控制在 30～50cm。在前层混凝土初凝之前，将本层混凝土浇筑和振捣完毕。当层间隔时间大于混凝土初凝时间时，按施工缝处理。

(5) 混凝土振捣。混凝土振捣采用插入式振捣器，避免触碰到模板、钢筋、管道、预埋件，振捣器与模板的间距宜为 10～20cm。

4.3.6　混凝土拆模与养护

(1) 混凝土拆模应满足：底模在达到设计强度 100%时，方可拆卸。侧模及端模在混凝土养护至张拉前拆除。考虑到 0 号块大体积混凝土，在内部温度还未开始下降前，且内外温差大于 15℃时，不得拆卸模板。

(2) 在炎热或干燥天气时，注意对混凝土的养护，防止表面出现裂纹。

(3) 混凝土养护。混凝土养护工作由专人负责。0 号块混凝土养护工作包括冷却水管水循环及混凝土表面保温、保湿。

(4) 端模拆除后，对梁端混凝土进行凿毛。

4.3.7 预应力施工

0号块及悬臂节段为双向预应力结构，即设置了纵向预应力钢绞线和竖向预应力钢筋。

1. 纵向预应力钢绞线张拉施工步骤

(1)疏通预应力管道，检查锚垫板是否与预应力管道垂直，检查锚垫板处混凝土质量是否有缺陷。

(2)穿钢绞线。先将钢绞线分根穿过锚具孔，再用卷扬机通过导线将钢绞线拉过对应锚具孔。钢绞线两侧外露长度为80cm，保证千斤顶全部握住。穿孔完后，检查钢绞线是否串孔。

(3)安装锚具及千斤顶，进行张拉。

2. 竖向预应力钢筋张拉施工步骤

(1)在底板钢筋绑扎过程中，按照设计位置，预埋固定竖向预应力钢筋锚具、管道，并穿入预应力钢筋，保证外露出锚固螺母3cm。

(2)在梁体钢筋绑扎过程中，若与预应力钢筋位置冲突，则适当调整梁体钢筋，保证预应力钢筋竖直。

(3)在顶板钢筋绑扎过程中，按照设计位置，预埋固定竖向预应力钢筋锚具，将预应力钢筋穿入锚具中心孔，保证外露出锚固螺母72cm，其中60cm为千斤顶高度，保证全部握住。

(4)安装千斤顶，保证千斤顶平面和预应力钢筋垂直，进行张拉。

3. 预应力张拉要求

(1)钢束张拉须在混凝土强度达到标准值的95%和弹性模量达到标准值的100%，并满足7天的龄期后方可进行。张拉顺序为先腹板束，后顶底板束，左右对称张拉。预应力钢束张拉时应先将单根钢绞线进行预张拉，预张拉力为10%控制张拉力。

(2)预应力钢绞线、预应力混凝土用螺纹钢筋及其锚具在使用前必须进行张拉锚固试验。穿束前用高压水冲洗孔道，并检查是否有串孔现象，并用高压风吹干孔道内水分。

(3)锚下垫板安装时，须使垫板与管道垂直准确对中，千斤顶与垫板准确对中，以免张拉时发生滑丝、断丝现象。张拉过程中预应力筋断裂或滑脱的数量，严禁超过结构同一截面预应力筋总根数的3%，且一束钢丝只允许有一根断裂或滑脱。

(4)梁体纵向预应力采用12～12.5mm钢绞线，内径为90mm，外径为104mm的金属波纹管成孔，双侧张拉。采用YCW250B千斤顶张拉，M15-12锚具锚固。

梁体腹板中的竖向预应力钢筋采用公称直径为 25mm 的 PSB830 螺纹钢筋，内径为 40mm 的金属波纹管成孔，YCW60A 型千斤顶张拉，JLM-25 型锚具锚固，在腹板中单排布置，顶部单侧张拉，设计要求二次张拉。

(5) 纵向预应力钢束伸长量以张拉力为主，设计伸长量进行校核(成昆永广施桥-04-3-5/38)。竖向预应力钢筋控制应力为 664MPa，钢筋每延米伸长量为 3.3mm。钢筋伸长量差值控制在 6%左右。

(6) 张拉时确保“三同心两同步”，并采取双控措施，以延伸量控制为主、张拉力校核为辅。“三同心”即锚垫板与管道同心、锚具与锚垫板同心、千斤顶与锚具同心。“两步同”即 T 构两侧、两端均匀对称同时张拉。

4. 预应力孔道压浆机封锚步骤

(1) 预应力孔道压浆前，检查钢绞线是否有收缩，若无收缩，则保留设计外露长度，将多余的钢绞线(筋)切除。

(2) 在保护罩底面与橡胶密封圈表面均匀涂一层玻璃胶，闭上橡胶密封圈，将保护罩与锚垫板上的安装孔对正，用螺栓拧紧。清理锚垫板上的灌浆孔，保证通道通畅。

(3) 试抽真空，启动真空泵，使系统负压能达到 0.07～0.1MPa，当孔道的真空度保持稳定时，停泵 1min，若压力降低小于 0.02MPa，既可认为孔道基本达到真空，如果不满足此要求，则表示孔道未能完全密封，需要在灌浆前进行检查及密封。

(4) 拌制水泥浆。拌浆前先加水空转数分钟，使搅拌机内壁充分湿润，将积水倒干净；将称量好的水倒入搅拌机，之后边搅拌边倒入水泥，再搅拌 3～5min，直至均匀；将溶于水的外加剂和其他外加剂倒入搅拌机，搅拌 5～15min，然后倒入盛浆筒；倒入盛浆筒的水泥浆应尽量马上泵送，否则应不停地搅拌。

(5) 灌浆。启动真空泵，当真空度达到并维持在负压 0.08MPa 左右时，打开阀门，启动灌浆泵，开始灌浆；当浆体经过透明高压管并准备到达三通接头时，打开排浆阀门并关闭负压容器阀门，关闭真空泵。透明高压管应超过 10m 以便控制。观察废浆筒处的出浆情况，当出浆流畅、稳定且稠度与盛浆筒浆体基本一样时，关闭灌浆泵及另一端阀门；再次启动灌浆泵，使灌浆压力达到 0.4MPa 左右，关掉灌浆泵及灌浆端的阀门；接通水，打开阀门清洗，拆透明高压管。

(6) 封锚。张拉端采用 C55 混凝土封锚。封锚前对锚具、锚垫板垫面及外露预应力钢筋做防水处理。混凝土浇筑前在新老混凝土结合面上打毛，清除表皮，用水冲洗干净并充分吸水后方可进行浇筑，并要求捣实。浇筑完后，对混凝土进行养护。

4.4 转体施工

为减小对既有铁路运营的影响，保证转体施工的质量，加快施工进度，采用6号、7号墩T构同步平行进行，如图4.41和图4.42所示。

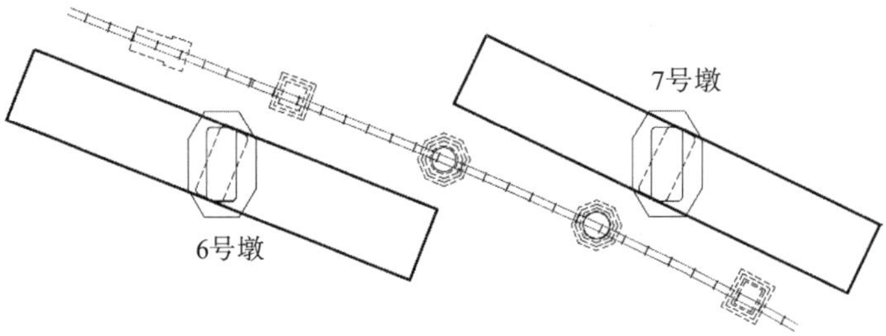

图4.41 转体前转体T构平面布置图

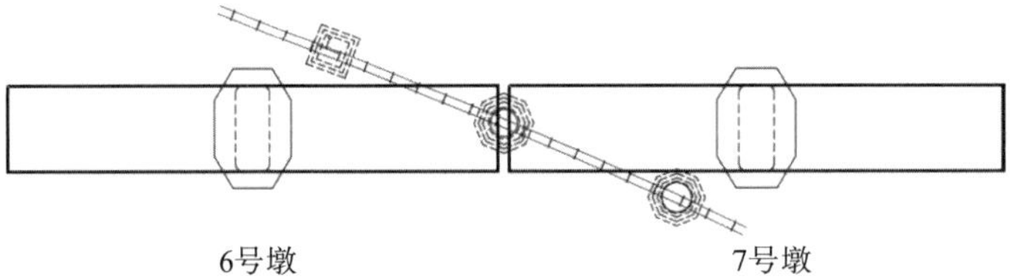

图4.42 转体后转体T构平面布置图

T构梁体转动到设计位置的平面角度约为22.8°，根据现场实地测量修正。总体上按试转体、正式转体两个部分实施，首先试转体至与铁路行车道空间交叉边线位置。试转体中检查牵引系统的性能，为正式转体提供技术数据，减少正式转体时间，演练现场管理机制实施情况，保证正式转体顺利进行。为避免转体过程中有落物坠落到铁路上，转体前将挂篮移动到0号块和清理梁上所有施工机具。转体前将转体相关方案及防护方案报昆明局建管处有关部门审批，审批后严格按照方案执行，在计划要点时间内提前拆除转动影响面内的障碍，为转体做好准备。转体流程如图4.43所示。

转体施工数据如下：

(1)转体结构：2×43m连续梁梁体，宽14.9m。

(2)球铰直径：3m。

(3)转体质量：7350t。

(4)牵引设备：2台TX-200-J-D，牵引力为2000kN。按转铰静摩擦系数设计值0.08，计算出正式转体牵引力为784kN，牵引力储备安全系数为2.55。

(5)转体方式：逆时针水平转体。

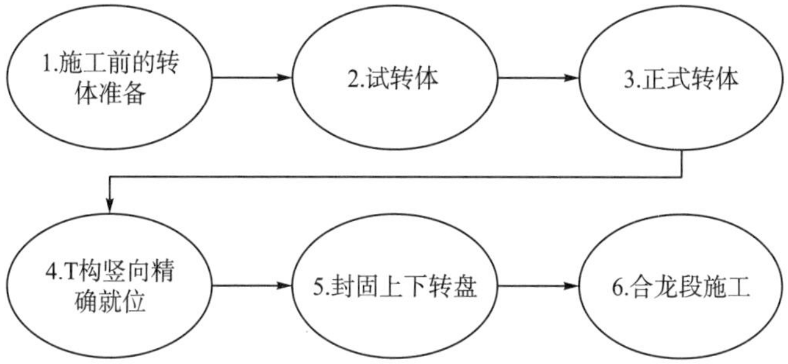

图 4.43　转体施工流程图

(6) 转铰角度及用时：小里程 T 构需转动 21.54°，大里程 T 构需转动 25.76°，转动角速度控制为 0.02rad/min，理论转体作业时间小里程 T 构为 19min，大里程 T 构为 23min。

(7) 其他相关参数：6 号墩侧主梁现浇时边缘平面投影与最近轨道的水平距离最短为 9.49m，7 号墩侧主梁现浇时边缘平面投影与最近轨道的水平距离最短为 10.92m。梁底与接触网的垂直距离最小为 22.78m，满足铁路相关规定要求。

转体施工数据详见表 4.2。

表 4.2　转体施工数据表

序号	名称	单位	6 号墩	7 号墩
1	转体所需时间	min	19	23
2	转体质量	t	7350	7350
3	转台直径	m	7.5	7.5
4	启动牵引力	kN	784	784
5	千斤顶动力	kN	2000	2000
6	动力储备系数		2.55	2.55
7	牵引钢绞线数	根	14	14
8	转体梁端所过弧线长	cm	1616	1931
9	梁端线速度	m/s	0.014	0.014
10	转体角速度	rad/min	0.02	0．02
11	转盘走过弧线长	cm	141	169
12	拉索速度	m/s	0.00125	0.00125
13	转角	°′″	21°32′24″	25°45′36″

转体主要控制性技术指标如下。

(1) 结构中心：转体施工前调整结构偏心值不大于 0.1m。

(2) 平转角度：理论为 22.8°，实际控制以现场 T 构浇筑完成后测量值予以修正。

(3) 平转速度：角速度 $\omega \leqslant 0.02\mathrm{rad/s}$ 。

(4) 主梁 T 构端部水平线速度：$v \leqslant 0.025\mathrm{m/s}$ 。

4.4.1 转体前的施工准备

1. 梁体准备

转体前，将桥面、人行道、挂篮上的所有杂物清理干净，逐个检查构件固定、连接装置是否牢固，检查梁体边角、底部有无混凝土块脱落及掉块隐患。梁面上架设的测量设备，必须进行固定，避免倾倒掉落。两侧的防抛网在转体前安装到位。

2. 既有线接触网防护

对转体下方影响范围内的既有线接触网进行防护，主要为安装预绞式铠装护线条，位于梁体投影外扩 5m 范围内，长度约为 47m。

3. 球铰准备

(1) 依据监测组提供的应力应变监测数据，确定砂箱拆除顺序，及时拆除上下转盘间的砂箱，将卸载的石英砂及时清理干净。

(2) 在转体施工前，对承台预埋钢筋进行调整，调整原则如下：对预埋钢筋进行弯折，确保在转体过程中上下转盘预埋钢筋不发生相互干扰，转体完成后立即恢复并焊接加固。

(3) 用刀片划开球铰转动面密封宽胶带纸。

4. 滑道准备

(1) 对滑道表面进行清理并对滑道钢板进行打磨除锈，对滑道与撑脚之间的预留间隙采用高压风枪或吸尘器清理干净。

(2) 对滑道平整度进行复查；对撑脚与滑道之间的预留间隙进行检查；对撑脚在转体范围内所要经过的路径进行检查，看是否存在发生擦脚的现象。

(3) 5mm 聚四氟乙烯板采用环氧树脂粘贴在不锈钢板上，为防止聚四氟乙烯板翘曲鼓起，聚四氟乙烯板可每隔 1.5m 断开 5mm。聚四氟乙烯板的平面高差控制在±0.5mm，接缝相对高差为 0.2mm，转动时前进方向只能为负误差，安装时注意聚四氟乙烯面朝下，并在滑道上涂抹黄油，减小摩擦力。

5. 平衡控制

由于箱梁箱室较多且结构型式复杂，在施工过程中梁上内模制作、安装误差对混凝土结构尺寸无法精确控制，加上结构临时荷载等不确定因素，将造成 T 梁两侧对转铰产生不平衡弯矩。采用中铁西南科学研究院自主研发的“桥梁转体施工平衡重调控系统”调节梁体平衡。平衡重采用移动沙袋(或其他荷载)方式来调整。对主梁进行全天候观测，检验配重施加过程中梁端标高变化是否与百分表读数变化同趋势、同比例。

6. 安装、预紧牵引索

在浇筑上转盘时先预埋 P 型锚具，牵引索采用$13-\phi^{s}15.2$的钢绞线，其中牵引索锚固端埋入转盘 4.0m 以上，并圆顺地缠绕在转盘上，如图 4.44 所示。牵引油缸采用 TX-200-J-D 型连续平转油缸，牵引油缸固定在牵引反力座上加载。牵引索穿过千斤顶后，按先内层后外层的原则，逐根对钢绞线进行顶紧。预紧力由 10kN 逐根降至 5kN，最后利用千斤顶在 2MPa 油压下对该束钢绞线进行整体顶紧，使同一束牵引索每根钢绞线受力基本一致。

图 4.44　牵引索

7. 设备安装调试

两台连续千斤顶分别按水平、平行、对称的要求布置于转盘两侧，千斤顶的中心线必须与上转盘外圆相切，中心线高度与上转盘预埋钢绞线的中心线高度相等。根据转体专项试验测试的转铰摩擦系数推算出牵引力，再根据千斤顶施力值反算出各泵油压值，按此油压值调整好泵站的最大允许油压，空载试运行，检查设备运行是否正常。

8. 转盘限位装置

限位装置采用限位挡板结合预埋槽钢挡桩构成，限位挡板为工字钢组合构件。安装完成后，复测其位置。

9. 转盘安装刻度设置

在转台上根据转体角度和转盘直径换算成刻度，每一度在转盘上为 10cm，将制作好的刻度条和指针安装于转盘上，便于监测转动速度(图 4.45)，转盘转动

1cm，对应梁端转动 11.4cm。

图 4.45 转盘安装刻度

10. 气象资料收集

在试转、正式转体前通过与气象部门取得联系，收集资料，提供相关信息，保证气象条件满足施工要求从而确定转体时间。

4.4.2 试转

天气条件允许的情况下方能进行试转。在转体施工前，应对转体系统进行全面检查，在转盘部分、平衡配重、千斤顶的调试等各个环节都确保正常的情况下，对转体进行小范围的试转，以检验转体系统运行功能，梁体不得在试转时入侵铁路限界。在确认系统联通正常时，进行试转，收集数据。

(1) 试转时间为正式转体前 1~2 天，试转时主梁端部行程为 1m。试转速度和正式转体时一致。试转前向铁路部门申请 2h 天窗时间。

(2) 试转时预紧钢绞线，用千斤顶将钢绞线逐根以 5～10kN 的力预紧。预紧应采取对称进行的方式，并应重复数次，以保证各根钢绞线受力均匀。在预紧过程中，应注意保证钢绞线平行地缠于上转盘上。

(3) 合上主控台及泵站电源，启动泵站，用主控台控制两千斤顶同时施力试转。若不能转动，则事先准备好的辅助顶推千斤顶同时出力，以克服静摩擦力使桥梁转动。

(4) 试转时应测量转动体系的静、动摩擦系数，为正式转体提供相关数据。

(5) 试转过程中，应检查转体结构是否平衡稳定，有无故障，关键受力部位是否产生裂纹。如有异常情况，则应停止试转，查明原因并采取相应措施整改后，方可继续试转。

(6) 试转过程中，应检查转体结构是否平衡稳定，有无故障，关键受力部位是否产生裂纹。如有异常情况，则应停止试转，查明原因并采取相应措施整改后方可继续试转。

(7) 试转过程是对正式转体的演练，各参建人员必须严格按照施工组织要求各司其职，各负其责。

(8) 试转过程中，T 构始终位于铁路限界以外。试转结束后，及时分析采集的各项数据，并改进、完善正式转体方案，调整好各种转体施工设备，为正式转体施工做好准备。

4.4.3　正式转体

试转结束后，分析采集的各项检测数据，整理出控制该次转体的准确数据，收集近期内气象资料，在气象条件满足时间段内及时向高速铁路管理有关方面提出申请进行正式转体。正式转体前再次进行现场交底及教育活动，引起高度重视，检查应急预案是否落实到位，根据各个关键部位、施工环节，对现场人员做好周密部署，各司其职，分工协作，由现场总指挥统一安排。

平转施工操作的注意事项：

(1) 转体过程中，转动角度观测组密切观测转动角度变化，并每转动 1° 向总指挥台报告一次。

(2) 平转过程中测量组反复观测主梁轴线偏位及各特征截面的高程变化情况，发现异常立即报告总指挥台。在梁端轴线距设计位置 1.5～0.5m 过程中，测量组应向总指挥台倒数报告梁端轴线距设计位置的观测数据，每 10cm 报告一次；在梁端轴线距设计位置 0.5m 后进入平转精确就位工序，应每点动一次报告一次观测数据。

(3) 转体过程中，平衡转盘观测组密切观测撑脚与滑道面之间的空隙及滑道面情况，并及时补填聚四氟乙烯板及涂抹润滑材料，有异常立即报告总指挥台。

(4) 转体过程中，监控组连续监测各测点应力应变变化情况，发现异常立即报告总指挥台。

(5) 负责限位、纠偏人员应坚守岗位，若出现倾斜则随时准备施力保险或调整，转体到位后应及时抄垫塞紧，防止超转。

(6) 随着转体连续进行，牵引索也连续不断地从千斤顶前方被拉出，因受空间限制，钢绞线切割组应及时对多出的钢绞线进行切割，不得影响连续转体，有异常立即报告总指挥台。

1. 转体前施工准备

施工单位针对转体施工成立转体施工指挥部，下设设备安装调试组、监控组、牵引组、工程技术组、安全检查组、对外联络组、防护监察组、应急救援组及物资供应组、临时配备组。

转体前施工准备如下：

(1)观测上下转盘间百分表读数，微调整平衡重。

(2)环形滑道清理干净，检查滑道与撑脚间间隙，撑脚走道板前端涂抹黄油聚四氟乙烯粉。

(3)平转千斤顶、辅助千斤顶、微调千斤顶标定。

(4)平转千斤顶、牵引索、锚具、泵站配套安装、调试。要求各束钢绞线平直、不打绞、纽结。

(5)助推千斤顶及反推梁安装。

(6)安装微调及控制设备，做好各种测控标志，标明桥梁轴线位置。

(7)各关键部位再次检查。包括上转盘、球铰等部位，确认签字。

(8)技术准备(技术交底、记录表格、各观测点人员分工、控制信号、通信联络等方面)。

(9)转体静置24h后(拆除砂箱及钢支撑)，各种测量数据上报监控组，确认其是否处于平衡状态。

(10)作业天气要求风力小于6级。

以上准备工作完毕，经检查无误后，报请监理工程师及设计代表签认。在铁路部门批准的时段内进行转体。

2. 封锁点施工

(1)转体施工前一周向施工办提报昆明铁路局安监室审核的施工计划。

(2)周计划发布后，在施工前3日向工务段上报日计划。

(3)施工当日，施工驻站联络员提前1h到岗，与车站值班员对预登的内容进行再次核对，确认无误在预登施工项目栏下方共同签认后，车站值班员向列车调度员请求施工调度命令。

(4)接到施工调度命令后，施工负责人立即组织桥梁转体施工。

(5)施工负责人确认转体施工结束且不影响列车通行后，向施工驻站联络员下达消点命令，并由施工驻站联络员向车站值班员申请恢复列车正常通行。

(6)控制油泵正常转体角速度在0.02rad/min。根据转体前准备、转体后就位所需时间及时间安全储备等因素，转体封锁申请的天窗时长为120min。

3. 启动

同步张拉牵引千斤顶，按10kN逐级分级加力，达到计算静摩擦力。直至撑脚走板水平位移观测确定启动，并记录静摩擦力。大树村龙川江三线大桥启动力接近800kN，转动过程为300kN左右。

4. 平转

平转时，转动体先后要克服球铰静摩擦扭矩和动摩擦扭矩，静摩擦扭矩由牵引油缸的牵引力扭矩克服，动摩擦扭矩由牵引油缸的牵引力扭矩克服。施工时，启动牵引油缸分级加载，直至结构启动。转动应连续，并全程跟踪观测线形与应力，控制最大线速度，并精确合龙、制动、微调定位。

根据铁路部门确定的转体时间作业，平转过程中测量人员反复观测梁端部位高程变化，转体施工如图 4.46 所示。匀速转动，平转基本到位(距设计位置约 1m 处)减速，降低平转速度，距设计位置 0.5m 处，采取点动操作，并与测量人员配合确认点动后梁端弧长。在距设计位置 0.1m 处停转，测量轴线，根据差值，精确点动控制定位，防止超转。

图 4.46　转体施工图

5. 定位

转体就位后，精确调整转体倾斜位置，并用型钢将上下转盘抄死。临时支墩墩顶与梁底先行抄死。防止梁体在外力作用下摆动。利用临时支墩墩顶上设置的千斤顶，精确地调整梁体端部标高，并采取措施抄垫。

4.5　T 构竖向精确就位

转体就位后，T 构可能在横向、纵向方向均存在偏斜，必须对梁体纵、横两个方向的高程均进行精确调整。

4.5.1 T 构竖向可调位幅度计算

1. 纵向悬臂端可调高程计算

T 构水平状态下，平衡转盘撑脚与下盘滑道环形钢板间间隙 12mm，根据 T 构悬臂长度(43m)、环形平衡转盘半径(7.5m)，可计算 T 构悬臂端高程可调幅度：$a=\dfrac{0.012\times 43}{7.5}=68.8(\text{mm})$，即 T 构悬臂端高程可调幅度为−68.8～+68.8mm。

2. 横向主梁边可调高程计算

T 构水平状态下，平衡转盘撑脚与下盘滑道环形钢板间间隙为 12mm，根据 T 构主梁横向宽(14.9m)、环形平衡转盘半径(7.5m)，可计算 T 构横向主梁边高程可调幅度：$b=\dfrac{0.012\times 14.9}{7.5}=23.8(\text{mm})$，即 T 构横向主梁边高程可调幅度为−23.8～+23.8mm。

4.5.2 竖向调位施工

利用球铰可在一定范围内作竖平面转动的特性，采取在 T 构倾斜侧设竖向千斤顶对 T 构施加顶升力来降低另侧高程、抬升本侧高程，实现 T 构竖向高程调整。

按静摩擦系数 0.1 计算，球铰静摩擦力约为 7350kN，按最不利情况面积折减系数 0.6 计算，球铰静摩擦力约为 4410kN。安全起见，配备 4 台 3000kN 千斤顶作为施力设备，如图 4.47 所示。

图 4.47 调高千斤顶

首先进行纵向高程调整，将两台千斤顶安装在 T 构倾斜侧，布置在两个对称于纵轴线的外环，通过对上承台底面分级加载施加顶力，同时测量组对 T 构主梁端进行高程观测报数，直至主梁纵向高程精确就位，则停止千斤顶施力，保持千斤顶压力不变，并用钢楔塞紧纵桥向下的两对撑脚下的间隙，确保横向调整时，纵向不再发生倾斜。用同样的方法对 T 构横向高程偏差进行调整。如果横向调整后，纵向又发生偏斜，则再循环进行操作，直至 T 构纵、横向高程精确就位。为防止就位后 T 构再发生偏斜，在抄实抄紧每个撑脚下的间隙后，还需用型钢将撑脚与滑道焊接联体加固。

4.6　封固上下转盘

梁体转体就位后，在撑脚和滑道间加塞钢楔块以保证梁体的稳定性，然后进行上下转盘封固施工，如图 4.48 所示。

图 4.48　封固上下转盘

清洗底盘上表面，采用帮条焊焊接上、下转盘预留钢筋，焊缝长度满足规范要求。采用二次封盘，第一次先封上、下转盘间混凝土，待封盘混凝土凝固后用灌浆法填补因混凝土收缩留下的空隙，保证墩身与上、下盘间混凝土的整体性。封盘混凝土为 C50 微膨胀混凝土，混凝土坍落度保持 8～10cm，拌制时掺入微量铝粉做膨胀剂。上部墩身预留的上斜向管道作为排气孔和振捣孔，混凝土从单方向流入，以每个排气(振捣)孔均有混凝土流出作为封闭完满的依据，为方便振捣和增强封固效果，封盘混凝土周边尺寸和高度超出上盘 20～30cm。浇筑过程中及完成后，不间断检查模板的稳固及板缝漏浆情况，及时加固处理，直到混凝土初凝时间达到后方可停止。

第 5 章　其他施工关键技术

5.1　悬臂施工预拱度计算

目前，国内外的公路及铁路桥梁广泛采用各种型式的预应力混凝土悬臂梁、连续梁、T 构及连续刚构。此类桥梁基本上都采用分节段悬臂施工。而对于悬臂施工的桥梁来说，就一定会在自重的作用下产生下挠，如果不重视线形控制，不仅关系到桥梁的美观，甚至可能出现不能合龙的情况，从而影响结构的可靠度，所以如何进行施工线形控制在悬臂施工中就显得十分重要。大树村龙川江三线大桥采用墩中转体施工，虽然在转体完成后可以通过顶升转盘调整悬臂梁使其精确就位，但调整幅度有限，因此在悬臂施工阶段进行准确的线形控制尤其重要。

5.1.1　概述

在主梁的悬臂施工过程中，总要设一定的预拱度，以抵消施工中产生的各种变形挠度，正确设置预拱度，首先需要阐明用于线形控制的几个基本概念。

(1) 设计线形：桥梁根据路线纵断面的设计要素(如纵坡、竖曲线)所确定的桥面线形。

(2) 设计预拱度：按照全部恒载挠度加一半活载挠度之和反向取值，对于大跨度连续梁桥还要在此基础上计入成桥数年后的收缩徐变效应。

(3) 设计成桥线形：按设计要求成桥后的桥面线形，即“设计线形+设计预拱度+全部恒载挠度”得到的线形，也是施工控制的目标。

(4) 无应力线形：按设计成桥线形成桥后，假定桥梁不受任何荷载，桥梁在无应力状态下的线形，即“设计线形+设计预拱度”构成的线形。

(5) 设计成桥预拱度：按设计成桥线成桥后主梁各点的上拱值，即主梁各点“设计成桥线形－设计线形”的差值。

(6) 施工线形：悬臂施工各施工阶段主梁的实际线形。

(7) 施工预拱度：施工时将每段梁预先抬起一定的高度，使其在自重作用下下挠一定高度后满足施工线形。

(8) 模型线形：在施工仿真模型中桥梁的建模线形。

(9) 安装线形：各点施工预拱度的连线，即“模型线形+施工预拱度” 构成的线形。

对于悬臂施工这种分阶段成桥的施工过程来说，每个阶段施工线形与设计成桥线形没有直接关系，需要通过设置合理的节段施工预拱度，这样无论悬臂施工各阶段的施工线形如何变化，成桥后都可以得到设计成桥线形。通常在设计图纸中只给出了设计线形和设计成桥预拱度或设计成桥线形，以此为基础，计算施工预拱度是关系到主梁的线形是否平顺、是否符合设计的一个重要问题。

5.1.2 预拱度计算方法

悬臂梁施工是一个动态过程，随着新的节段逐步形成，主梁受到的自重、预应力、施工荷载等也相应地改变，主梁的变形和内力也随之变化。传统的施工预拱度的计算方法是假定每个施工阶段是一次成形，用荷载的增量计算内力和位移的增量，按式(5.1)逐阶段累加计算得到每个阶段的预拱度[1]。

$$\delta_i = \sum f_{1i} + \sum f_{2i} + f_{3i} + f_{4i} + f_{5i} + f_{\mathrm{gl}} \tag{5.1}$$

式中，δ_i 为 i 节段施工预拱度；$\sum f_{1i}$ 为由各节段自重在第 i 节段产生的挠度总和；$\sum f_{2i}$ 为由张拉各阶段预应力在 i 节段产生的挠度总和；f_{3i} 为混凝土收缩徐变在 i 节段产生的挠度；f_{4i} 为施工临时荷载在 i 节段产生的挠度；f_{5i} 为使用荷载在 i 节段产生的挠度；f_{gl} 为挂篮变形值。

以上参数由分阶段施工模型计算而得，即先将桥梁结构进行结构离散，按设计成桥线形建立施工仿真数值模型，利用“生死单元”模拟分阶段施工。在计算中面临的一个问题是，逐段形成的结构中新安装单元节段的初始位置(即新单元与已成部分连接节点)的初始位移天然地由已成部分单元在该节点的计算值确定，但自由端节点的初始位移就必须指定[2]，否则将产生由“零杆虚位移”导致的计算误差[3]。根据指定自由端节点的初始位移的方式，发展出“切线初始位移法”、“零初始位移法”。

1. 切线初始位移法

切线初始位移法是将新结点初始位移指定到已成节段悬臂端切线方向上，把到结点偏移零位置的距离作为累积位移值[4]。该方法是源于同济大学葛耀君提出的拼装线形控制方法[5]。节段施工预拱度求解过程是先按设计成桥线形建立分阶段悬臂施工计算模型，依次激活节段单元，将每个激活新节段自由端节点的初始位置指定到其所连接的已成节段的切线方向上，同时其余未激活单元也随之移动，其节点与新节段自由端节点的相对位置保持不变，以此计算出各施工阶段中所有单元(已激活和未激活单元)挠度值增量和累计挠度值。施工完成阶段的挠度累计值反号作为节段施工中的预拱度，得到一条理想轴线。除第一个节段的施工预拱度可以直接按该点在理想轴线上的竖坐标取值外，其余各节段的施工预拱度即为该节段自由端节点与理想轴线的偏离值[6]。

2. 零初始位移法

零初始位移法是将新生成结点的初始位移指定为零，以该点为零点记录结点的累积位移值[4]。该方法是由西南交通大学李乔和唐亮两位学者首次提出的[7]。由于在小位移假定下无论各节点初始位置在何处，对其竖向挠度均没有影响。因此如果将各结点的最终的挠度值反号，作为节点安装位置，则经过整个施工过程后，各结点刚好落到设计成桥线形上，则主梁安装线形应满足以下关系[4]：

$$H_e = H_c - \Delta_v \tag{5.2}$$

式中，H_e 为安装线形；Δ_v 为成桥竖向位移；H_c 为设计成桥线形。

节段施工预拱度求解过程是按设计成桥线形建立分阶段悬臂施工计算模型，第一个节段激活后，产生向下的挠度，激活第二节段前，此时第二节段的左边端点与第一节段的右边端点相连，将第二节段的右边端点(即悬臂端)定位于设计成桥线形上。后续的节段只需按照上述的施工过程操作即可，直至最后一个节段施工激活，此时各节段的挠度即可作为成桥竖向位移 Δ_v 也是该节段的施工预拱度。

5.1.3 基于无应力状态法的预拱度计算方法

无应力状态法[8]是由秦顺全院士提出的一种解决桥梁分阶段施工的理论控制方法。该方法的理念在 20 世纪 80 年代末形成，在 1993 年完成程序编制工作并在武汉长江二桥工程上第一次成功运用，至今该方法已经在国内外多座桥梁上成功运用，从最初应用在斜拉桥的施工控制中，后来逐渐推广应用到拱桥、梁桥、悬索桥等其他桥型中[9]。

1. 无应力状态法

无应力状态法的基本原理是，只要结构无应力状态量、外加荷载和支座位置一定，则结构最终成桥状态的内力、位移与施工方案、施工荷载无关[9]。由此，可以通过构件单元的无应力状态量建立起过程状态之间、过程状态与最终成桥状态的联系，是确定分阶段施工桥梁结构过程状态与最终状态关系的方法[10]。一旦满足成桥目标的结构无应力状态量确定下来，只要控制施工过程中各构件单元的无应力状态量就可以在施工过程中实现对成桥目标的自动逼近，直接解算桥梁施工中间状态的内力和线形，得到满足成桥内力和线形所需要的中间施工过程的控制要素[11]。结构的无应力状态只是一个数学目标，通过它将桥梁结构安装的中间状态和终结状态之间联系起来，为分析桥梁结构各种受力状态提供一种有效的方法。

无应力状态量包含无应力长度和无应力曲率两个要素。无应力状态量是一个结构的固有量，如同结构的质量、密度等一样，只要不对结构本身进行变动，这种本质的特性是不会变化的。简单地说，结构体系内任意构件，受轴向荷载变形后构件端点间的几何距离称为构件的有应力长度，反之，假设卸除荷载，构件变形恢复，此时构件上两端点的几何距离定义为该构件的无应力长度。同理，受弯矩荷载变形后构件产生弯曲变形，变形后构件的曲率称为构件的有应力曲率，反之，假设卸除荷载，构件变形恢复，此时构件曲率定义为该构件的无应力曲率。进行桥梁结构施工数值计算，首先要对结构进行离散，在离散化的计算模型中，单元的无应力长度可以定义为该模型中各单元节段的几何距离，单元的无应力曲率则可以定义为该模型中各相邻单元间的夹角。

2. 预拱度计算

在悬臂施工的每个节段都经历着挂篮模板移动就位、混凝土浇筑养护、预应力张拉、挂篮前移的施工循环，期间主梁还将承受挂篮、预应力、自重、施工临时荷载等荷载，主梁的线形在此循环中不断变化。准确设置预拱度需要厘清上述各种因素对预拱度的影响，这一过程比较复杂、烦琐。传统的施工预拱度的计算方法采用荷载的增量计算内力和位移的增量，逐阶段累加正向计算，得到每个阶段的预拱度。这种做法的最大弊端是，计算过程环环相扣，如果中间有任何工序或者荷载发生变化，则需要进行全过程的重新计算。在计算时，计算烦琐且计算量大，在实桥监控时，对于现场工序或者荷载的临时变动，无法迅速做出应变。然而，根据无应力状态法的基本原理，这里只需要确定结构的无应力状态量，并在计算中确保无应力状态量不变，则通过正装计算可以直接得到各阶段的预拱度。

1) 确定无应力线形

根据设计线形建立最大悬臂状态的计算模型，如图 5.1 所示。

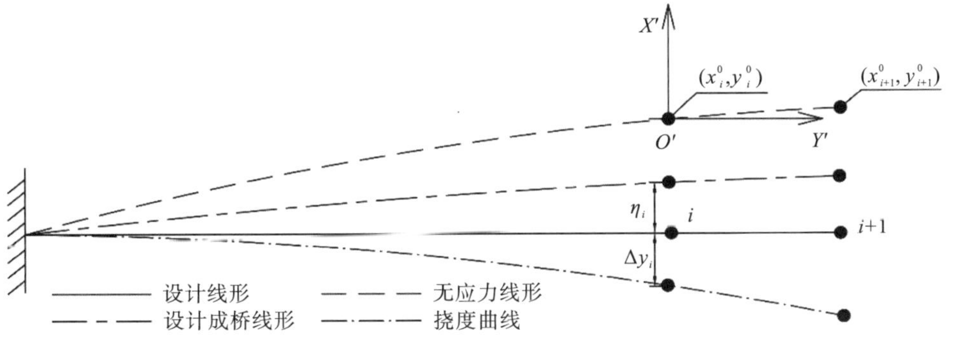

图 5.1　无应力线形计算图示

在悬臂端施加 1/2 合龙段湿重，在自重、预应束张拉力的作用下悬臂梁下挠，提取主梁各节点的位移量 $(\Delta x_i, \Delta y_i)$，则主梁无应力线形按式 (5.3) 计算。

$$\begin{aligned} x_i^0 &= x_i + \Delta x_i \\ y_i^0 &= y_i + \Delta y_i + \eta_i \end{aligned} \tag{5.3}$$

式中，(x_i^0, y_i^0)为无应力线形下主梁各节点坐标；(x_i, y_i)为设计线形下主梁各节点坐标；η_i为设计成桥线形下各主梁节点预拱度，即设计成桥预拱度。

以第i节点为原点建立局部坐标系$(X'O'Y')$，根据无应力线形，可以得到在局部坐标系下第$i+1$节点的坐标：

$$\begin{aligned} x'_{i+1} &= x_{i+1}^0 - x_i^0 \\ y'_{i+1} &= y_{i+1}^0 - y_i^0 \end{aligned} \tag{5.4}$$

2) 重新建立模型

以单元无应力线形(x_i^0, y_i^0)重新建立的计算模型如图 5.2 所示。

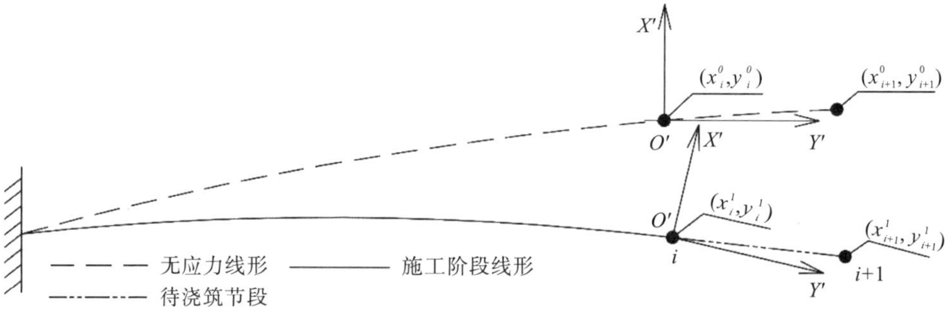

图 5.2　施工预拱度计算图示

3) 正装计算

正装计算，得到每个节段的施工预拱度。在第i个节段施工完成后，挂篮前移到该节段的悬臂端。提取该节段悬臂端节点的位移$(\Delta x_i^1, \Delta y_i^1, \Delta\alpha_i^1)$，该节点的坐标为

$$\begin{aligned} x_i^1 &= x_i^0 + \Delta x_i^1 \\ y_i^1 &= y_i^0 + \Delta y_i^1 \end{aligned} \tag{5.5}$$

为了确保主梁无应力线形不变，即第$i+1$节段和第i个节段之间的无应力曲率不变，则可以通过坐标变换使得在模型中保证第$i+1$节点与第i节点的相对位置始终不变，这个相对位置是由主梁的无应力线形确定的。第$i+1$节点的安装位置为

$$\begin{aligned} x_{i+1}^1 &= x'_{i+1}\cos(\Delta\alpha_i^1) - y'_{i+1}\sin(\Delta\alpha_i^1) + x_i^1 \\ y_{i+1}^1 &= x'_{i+1}\cos(\Delta\alpha_i^1) + y'_{i+1}\sin(\Delta\alpha_i^1) + y_i^1 \end{aligned} \tag{5.6}$$

第$i+1$节点的施工预拱量为

$$\delta_i = y_{i+1}^1 - y_{i+1}^0 \tag{5.7}$$

对于悬臂施工的桥梁，分为悬臂拼装和悬臂现浇两种施工方法，两者都需要在每一个节段安装前，为该节段指定安装标高。前者的安装标高为施工预拱度+

模型线形中该点的竖坐标，后者的安装标高与前者一致，由该节段挂篮底模板的立模标高控制，立模标高为

$$H_{i+1}=y_{i+1}^{1}+h_{i+1}+f_{gl} \tag{5.8}$$

式中，h_{i+1} 为待浇节段的截面高度；f_{gl} 为待浇节段湿重及其他施工荷载作用下的挂篮变形。

需要指出的是，从最大悬臂状态到合龙是从静定结构向超静定结构转换，若通过一定的措施保证合龙段的无应力长度不变，则最终结构的内力和位移状态与成桥目标完全吻合[12]。然而，由于悬臂段中预应力束张拉使得悬臂段产生弹性压缩，导致合龙段的无应力长度改变。在第一步计算中，忽略了上述因素，所确定的无应力线形与理想的无应力线形有所偏差。同时，这里没有考虑到混凝土收缩徐变引起的主梁无应力长度改变所产生的计算误差。因此，在实际计算中可以通过“正装—倒拆”迭代计算引入“罚函数”[13]，进一步修正每个节段的预拱度。

本方法本质上也是一种“切线初始位移法”，与传统“切线初始位移法”的不同之处在于：本方法是以无应力线形为基础进行切线安装，而传统的“切线初始位移法”是以设计线形或设计成桥线形为基础进行切线安装。本方法计算的施工预拱度，实质上用计入了成桥预拱度的最大悬臂状态无应力状态线形来求各阶段的施工预拱度，由于该线形不随计算过程变化，因此使分阶段的悬臂计算过程更加清楚明了；而且无应力状态法在确定中间施工过程结构理想状态时，只对结构的实际形成过程作正装计算，可以直接从计算模型中得到每个施工阶段的位移和内力，有利于悬臂梁施工预拱度计算，可以运用于工程计算中。

5.2　连续梁通用顶板模板及顶板施工

连续梁桥以结构受力性能好、变形小、伸缩缝少、行车平顺舒适、造型简洁美观、抗震能力强等优点在当下应用非常广泛。在众多的连续梁桥施工方法中，以悬臂施工法最为常见，在悬臂施工阶段，悬臂段主要承受负弯矩。成桥后，主梁也有部分节段承受负弯矩。因此，需要在连续梁桥的顶板布置大量预应力束，以满足施工及成桥后的受力要求。这些顶板预应力束可以锚固在腹板中，也可以锚固在顶板倒锯齿块中，以承担预应力束强大的集中应力。

5.2.1　概述

相对于施工方便的底板倒锯齿块，现在我国连续梁桥有倒锯齿块梁节段顶板模板的安装施工大多数是在原有正常节段顶板模板的基础上进行改装，这种传统

的施工方式对顶板模板的损伤较大，尤其随着改装次数的增多，严重影响顶板模板的受力结构并造成结构损伤，且增加了施工时间，使得连续梁顶板有倒锯齿块的节段施工时间加长。

针对原有顶板模板一直改装会造成结构损伤和延长施工时间的问题，在大树村龙川江三线大桥顶板的施工中发明了一种安全可靠、可操作性强的连续梁通用的新型顶板模板组件和一套利用该模板组件的顶板施工方法，既能满足正常节段顶板的浇筑施工，又能满足倒锯齿节段顶板的浇筑施工，这种方法已申请了发明专利[14]。它通用性好，既保障了顶板模板的结构受力，又减少了施工时间，节约了倒锯齿节段顶板模板改装的材料，也更加环保节能。

5.2.2 连续梁通用顶板模板设计

1. 设计原理

根据大树村龙川江三线大桥主梁的构造特点，主梁分为倒锯齿块节段和正常节段。浇筑正常节段时将现有的正常节段顶板模板分成上下两个部分(正常节段模板上部和共用模板下部)进行独立加工制造。浇筑正常节段时的共用模板下部和浇筑宽度不等的锯齿块节段的共用模板下部是通用的，从而达到节省材料、时间和工程造价的目的。由于倒锯齿块节段的顶板倒锯齿块宽度不一，但长度基本一致，因此通过制造正常节段模板上部、宽度不等的倒锯齿节段底模和能伸缩的倒锯齿侧模，共用模板下部既可以与正常节段模板上部拼装成正常节段顶板模板，也可以与单独设置的最大宽度的倒锯齿节段底模拼装成倒锯齿节段顶板模板，还可以与其他宽度较小的倒锯齿节段底模、能伸缩的倒锯齿侧模拼装成倒锯齿节段顶板模板以满足正常节段顶板的浇筑施工、最大宽度的倒锯齿节段顶板的浇筑施工、其余各种不同宽度的倒锯齿节段顶板的浇筑施工。

2. 连续梁通用顶板模板

一套完整的该新型连续梁通用顶板模板组件包括正常节段模板上部、倒锯齿节段模板上部、能伸缩的倒锯齿侧模、共用模板下部等，均为钢制框架结构。

在正常节段顶板施工时，采用正常节段模板上部和共用模板下部组成顶板施工模板。共用模板下部包括左侧的拼接平台和右侧的固定平台，正常节段模板上部的底部、共用模板下部的拼接平台顶部板沿宽度方向间隔设置有多个拼接法兰板，采用焊接固定，如图 5.3 所示。

正常节段模板上部与共用模板下部的拼接平台通过拼接法兰板并结合螺栓上下拼装而成，拼装后正常节段模板上部与固定平台的顶端齐平，如图 5.4 所示。

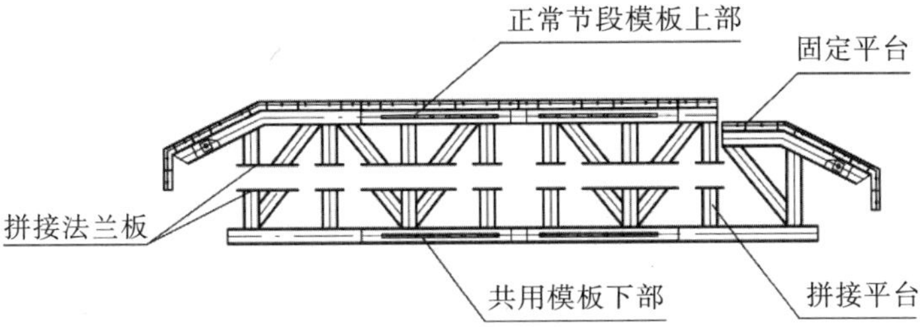

图 5.3　正常节段顶板模板

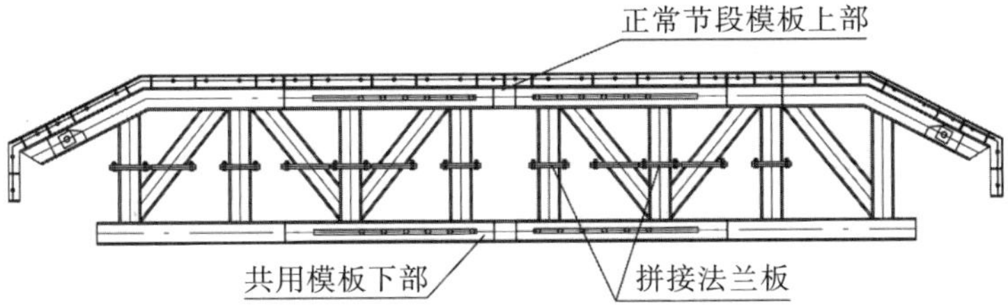

图 5.4　正常节段模板拼接

在倒锯齿块节段顶板施工时，采用倒锯齿块节段模板上部和共用模板下部组成顶板施工模板，分为最大宽度的倒锯齿块和其余宽度的倒锯齿块两种施工情况。

施工连续梁最大宽度的倒锯齿块时，把与最大宽度的倒锯齿块宽度一致的倒锯齿节段底模作为倒锯齿节段模板上部，倒锯齿节段顶板模板由倒锯齿节段模板上部、共用模板下部的拼接平台通过拼接法兰板并结合螺栓上下拼装而成，如图 5.5 所示。

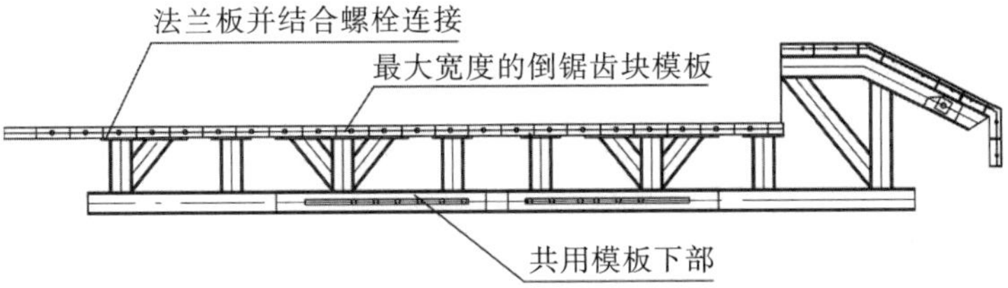

图 5.5　最大宽度的倒锯齿块施工模板

施工连续梁其余宽度的倒锯齿块时，把与对应的倒锯齿块宽度一致的倒锯齿节段底模和能伸缩的倒锯齿侧模作为倒锯齿节段模板上部，再与共用模板下部的拼接平台通过拼接法兰板并结合螺栓上下拼装而成倒锯齿节段顶板模板，如图 5.6 所示。

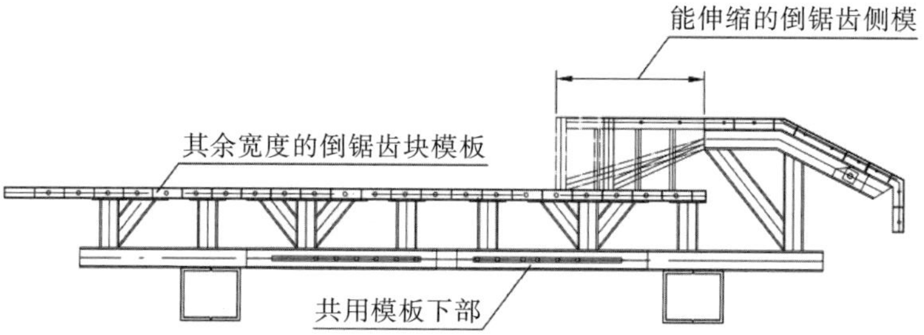

图 5.6 其余宽度的倒锯齿块施工模板

5.2.3 连续梁桥顶板施工

大树村龙川江三线大桥主梁中跨 9 号节段，边跨 4 号、6 号、9 号节段顶板设有倒锯齿块，且倒锯齿块的横向尺寸由 250cm～338cm 不等，顶板设有倒锯齿块的节段为倒锯齿块节段，其余为正常节段，如图 5.7 所示。

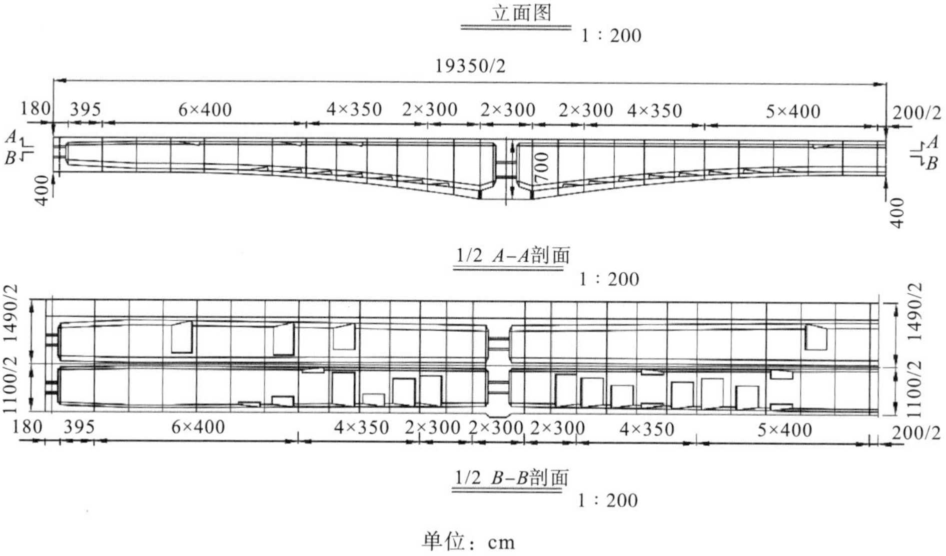

图 5.7 大树村龙川江三线大桥主梁倒锯齿块布置图

采用连续梁通用的顶板模板组件进行连续梁顶板施工，既能进行正常节段顶板的浇筑，也能进行倒锯齿节段顶板的浇筑，可以分为以下 3 个施工步骤：

(1) 制作连续梁通用的各顶板模板组件，包括正常节段模板上部、倒锯齿节段模板上部和共用模板下部等。倒锯齿节段模板上部包括倒锯齿节段底模和能伸缩的倒锯齿侧模，共用模板下部包括左侧的拼接平台和右侧的固定平台，正常节段模板上部的底部、拼接平台的顶部均设置有拼接法兰盘。

(2) 拼装正常节段顶板模板并进行正常节段顶板的浇筑，将正常节段模板上部与共用模板下部的拼接平台通过拼接法兰板并结合螺栓上下拼装成正常节段顶板模板，且拼装后正常节段模板上部与固定平台的顶端齐平，再在正常节段顶板模板上方铺设钢模板即可进行正常节段顶板的浇筑，如图 5.8 所示。若涉及多个正常节段顶板的浇筑，则待所有的正常节段顶板一一浇筑完成后将正常节段顶板模板进行拆解，以便共用模板下部能重复使用。

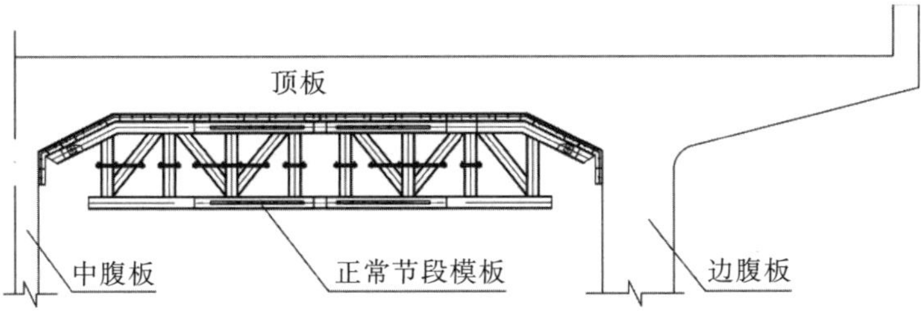

图 5.8　节段顶板的浇筑

(3) 安装倒锯齿节段顶板模板并进行倒锯齿节段顶板的浇筑，若涉及多个宽度不等的倒锯齿节段顶板浇筑，则每浇筑完成一段倒锯齿节段顶板后，将上一倒锯齿节段底模拆下换成下一倒锯齿节段底模。

当用于施工连续梁最大宽度的倒锯齿块时，单独采用与最大宽度的倒锯齿块宽度一致的倒锯齿节段底模作为倒锯齿节段模板上部，再与共用模板下部的拼接平台通过拼接法兰板并结合螺栓上下拼装成倒锯齿节段顶板模板，如图 5.9 所示。

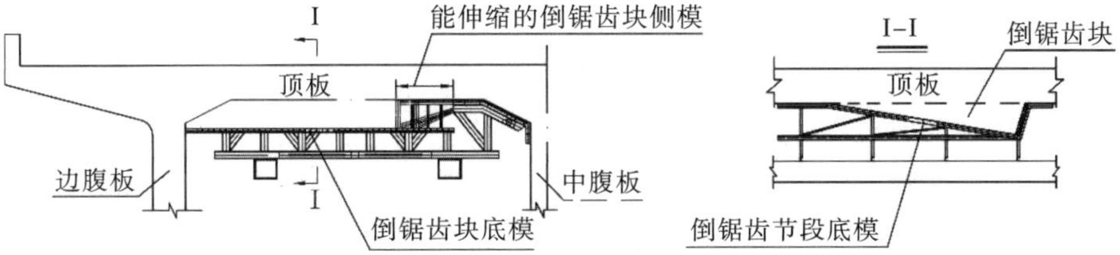

图 5.9　最大宽度的倒锯齿块节段施工

当用于施工连续梁其余宽度的倒锯齿块时，采用与对应的倒锯齿块宽度一致的倒锯齿节段底模和能伸缩的倒锯齿侧模作为倒锯齿节段模板上部，倒锯齿侧模安装在倒锯齿节段底模与固定平台之间，且倒锯齿侧模与固定平台的顶端齐平，再与共用模板下部的拼接平台通过拼接法兰板并结合螺栓上下拼装成倒锯齿节段顶板模板，从而浇筑锯齿块节段，如图 5.10 所示。

这种连续梁顶板施工创新工艺，极大地改善了传统顶板模板一直改装造成结构损伤和延长施工周期的缺点，既能满足正常节段顶板的浇筑施工，又能满足各种不同宽度的倒锯齿节段顶板的浇筑施工，通用性好，安全可靠，可操作性强，为以后的连续梁桥顶板施工提供了较好的参考。

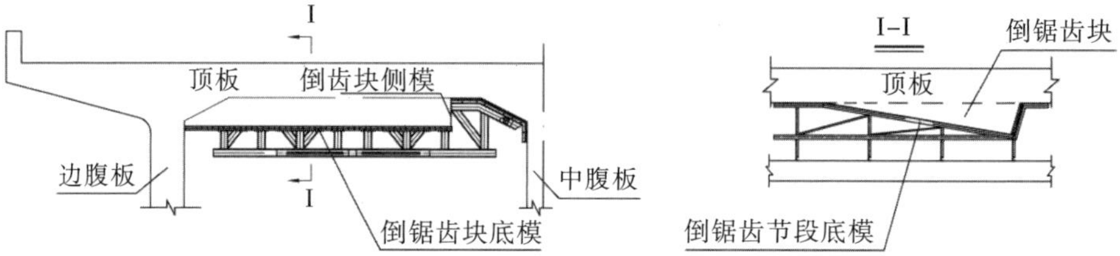

图 5.10 其余宽度的倒锯齿块节段施工

5.3 合龙段施工

大跨度预应力混凝土连续梁桥的悬臂施工已相当成熟和完善，合龙段施工是悬臂施工的关键节点，合龙涉及桥梁受力体系转换，参与影响成桥的受力，是全桥施工的关键技术之一。合龙段混凝土从立模浇筑成型到张拉预应力钢筋，再到最终合龙状态，期间要遭受昼夜温差、现浇混凝土的早期收缩徐变、张拉预应力引起的次力矩、施工荷载等方面的影响，在合龙截面产生挠度差和角变位，引起梁体内力发生改变和产生变形[15]。故在合龙段的施工中，必须严格把控各个环节，使桥梁达到设计状态。

5.3.1 概述

合龙段施工常采用的方法有支架法和吊架法，即采用悬臂浇筑的挂篮或另外设计一套吊架浇筑合龙段[16]。合龙段施工一般经历的施工流程如下：安装施工吊架→测量两端高差并监测温度→安装底模、外模、内模→绑扎钢筋、安装预应力管道及预应力筋→安装劲性骨架、张拉临时预应力钢束，锁定合龙段→施工配重→混凝土浇筑和养护，同时逐级解除配重→张拉中跨合龙束→张拉余下预应力→拆除临时锁定→拆除吊架[15]。

跨越既有线路的转体桥，因为邻近既有线，在施工中不可避免地有作业面接近既有线运行车辆或电气化接触网的情况发生，用传统的吊架施工方法合龙时安全防护难度大，对既有线路运营有影响，中断铁路行车将严重影响铁路运输，不中断通行将存在一定的安全隐患。为了解决这个问题，我国创新性地提出了钢壳法用于合龙段施工。目前全国范围内钢壳法应用尚且较少，此法最先在集包铁路增建第二双线霸王河 1 号特大桥体连续梁(60m+100m+60m)中跨合龙[17,18]中使用，如今该法已经在武咸铁路上跨武广客专[19]、京石客专[20]、宝兰客专[21]、青连铁路等项目的合龙施工中推广应用[22]。

大树村龙川江三线大桥为了减少混凝土漏浆污染既有设备和高空坠物等隐

患，避免对既有成昆线运营的影响，中跨合龙段在传统的钢壳法的基础上，采用一种自闭合式合龙钢壳施工，该方法已申请国家发明专利及实用新型[23,24]。

5.3.2　合龙段施工流程

大树村龙川江三线大桥跨中合龙段为 11 号节段，合龙段施工分为 3 个步骤，具体如下：

(1)预埋合龙钢壳。在主梁梁体悬臂施工完成后，在跨中悬臂端预埋钢壳，如图 5.11 所示。

(2)滑动、焊接合龙钢壳。当转体施工完成后，使用钢索及滑轮将预放在 120cm 预埋钢壳上的合龙钢壳滑动吊装至合龙段 90cm 间隙处，调整好搭接宽度，再进行焊接封闭，如图 5.12 所示。

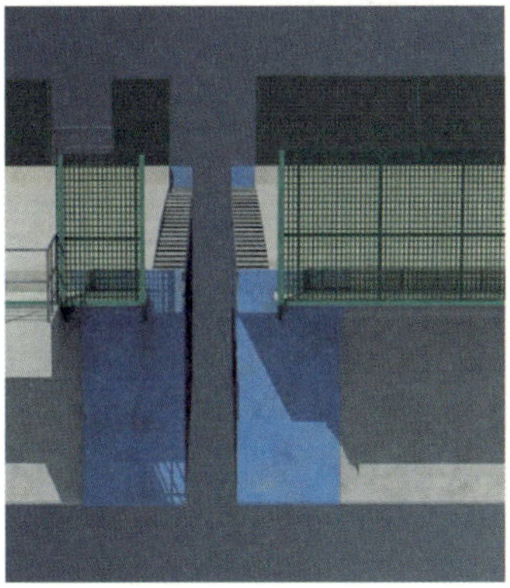

图 5.11　预埋钢壳

图 5.12　焊接合龙钢壳

(3)合龙段施工。中跨合龙段的所有施工均在钢壳内，施工完成后，拆除合龙辅助装置，如图 5.13 所示。

图 5.13　合龙段施工

该工艺具有快速、高效、安全的特点，确保了既有线上方合龙段的施工安全，与传统采用的吊架法比较，主要具有以下优点：

(1)克服了转体桥梁底施工空间有限的缺点，对下跨铁路、道路、河道通行基本不产生影响，十分适用于客流量大的铁路、公路或通行河道上方桥梁的施工。

(2)施工工艺简单，操作方便，钢壳代替模板，无拆除和防护工序，减少了天窗点作业时间，特别是涉及跨运营线路施工时，只需一个施工天窗点，快速封闭，后续施工不再需要申请天窗点，大大降低了施工成本和施工风险，从而节省施工工期，经济效益显著。

(3)转体完成后，能立即完成合龙口作业面封闭，降低安全风险。

5.3.3　自闭合式钢壳施工工艺

根据合龙段施工流程，采用自闭合式合龙钢壳进行合龙段施工的工艺如下。

1. 预埋 16mm 承重钢壳

(1)在跨中两侧 10 号块悬臂浇筑前应先预埋钢壳，钢壳小里程侧长度为 3.2m，混凝土外钢壳悬出 1.2m，大里程侧为 2.3m，混凝土外钢壳悬出 0.3m，梁体与钢壳搭接段长度均为 2m，如图 5.14 所示。

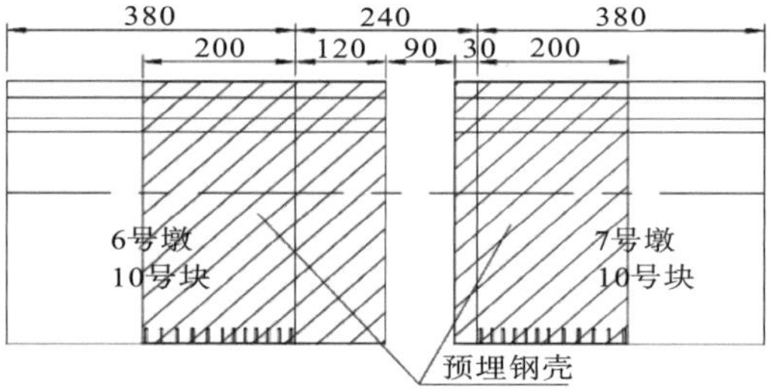

图 5.14　预埋钢壳

(2)10 号节段模板定位。10 号节段的模板定位根据预拱度精确放样和调整。10 号节段为连续梁对称段的最后节段，该节段的位置精度直接影响转体后合龙精度。因此，若节段位置偏差较大，则在 8 号节段施工开始进行逐段校正，严格按照应力监测和浇筑前后测量数据来拟合预拱度，要求平面及高程控制在±1cm。另外，模板的净空必须满足设计要求，保证钢壳密贴。

(3)钢板试拼。钢板正式安装前，先在平地上按分块编号进行试拼。钢板试拼时，梁底部分钢板平铺试拼，要求试拼后长度小于设计长度 1cm；梁侧及翼板钢板与地面垂直试拼，试拼后高度与设计高度一致。

(4) 钢板定位安装。

①钢板吊装。合龙段预埋钢壳及合龙钢板均分块进行加工。每块质量为 0.43～1.0t 不等，现场用塔吊进行吊装作业。6 号墩最远吊装距离为 47m，塔吊额定吊重 1.3t；7 号墩最远吊装距离为 43m，塔吊额定吊重为 1.4t。均满足吊装要求。

②钢板拼接。模板吊装至施工现场后，按编号放入预先标记的区域内。先安装梁底钢板，焊接完成后，再安装侧面及翼板钢板。

③钢板连接、焊接(图 5.15)。合龙段钢壳焊接采用单面焊接的方式，钢板材质为 Q345C，根据规范要求，采用 E50 系列低合金焊条。16mm 钢板对接焊接，焊缝宽度为 18mm，焊缝高度为 11mm(2mm 对接缝宽)。

(5) 完成预埋钢壳施工，如图 5.16 所示。

图 5.15　承重钢壳焊接

图 5.16　预埋钢壳完成图

2. 连续梁 10 号节段施工

1) 钢筋绑扎及预应力管道安装

(1) 底板钢筋绑扎。钢筋绑扎前，须在底模上设置 C55 混凝土垫块，按 4 个/m^2 布置。底板钢筋设计为 3 层钢筋，钢筋层间距较难控制，可采用角钢提前加工钢筋定位卡或每层安装定位骨架。泄水孔部位钢筋位置进行适当调整，并增设孔口螺旋钢筋；底板内竖向预应力锚具、管道提前安装并加固好，竖向预应力钢筋做好标志，能一目了然；纵向钢筋预留足够的搭接长度；底板预应力管道按设计位置和线形安装。

(2) 腹板、隔板钢筋安装。腹板、隔板钢筋安装时，可先安装作为骨架的主筋，做好钢筋定位。既要考虑保护层的厚度满足设计要求，又要考虑与预应力管道位置的冲突。在主筋安装好后，放线标志出纵向、竖向预应力管道位置，与梁体钢筋有冲突时，调整梁体钢筋的位置。还要注意埋设梁体线形观测桩的位置。纵向钢筋预留足够的搭接长度。

(3) 腹板预应力管道安装。本桥 10 号块设计中腹板、边腹板位置都有纵向、竖向预应力管道。纵向预应力管道为非直线，安装时需严格按照管道线形用 ϕ10 钢筋定位，纵向每 50cm 一道，在管道转折处做定位加密处理。

(4) 顶板钢筋及预应力管道安装。顶板钢筋设计为两层，绑扎安装时，进行主要层间距的定位。竖向预应力锚具、顶板内纵向预应力管道位置若与梁体钢筋冲突，则可适当调整梁体钢筋。顶板钢筋绑扎时，还需考虑遇到硬横跨柱基础时钢筋绑扎、避车台预埋 U 型螺栓、跨铁路处泄水管管卡预埋螺栓、挂篮施工相关预埋件、预埋挡砟墙钢筋、挡砟墙上的人行道板支架预埋螺栓、梁体轴线控制测量桩。

2) 预埋滑架支撑型钢

滑架支撑型钢分为两个部分，均为 32c 工字钢。其中，滑架上部分工字钢直接埋入梁体边腹板中，长度为 60cm，埋入梁体 40cm，外露 20cm。滑架下部支撑工字钢焊接在预埋钢板上，预埋钢板尺寸为 360mm×300mm×20mm，如图 5.17 所示。

3) 预埋滑架与固定支架工字钢用卡扣(钢板)

合龙段滑架与固定支架位于顶板、边腹板、底板 3 个位置。其中，顶板滑架位于连续梁翼板顶部，共 2 根；边腹板固定支架位于底板上 220cm 位置，共 2 根；底板滑架位于箱室内均匀分布，共 4 根。每个滑架均用卡扣固定。卡扣提前预埋入梁体混凝土中，如图 5.18 所示。沿滑架长度方向间距为 70cm/根，如实际操作时，增加预埋钢板，钢板尺寸为 200mm×200mm×20mm，钢板后部焊接 ϕ16 螺纹钢筋，长 30cm，带弯头，6 根/块。

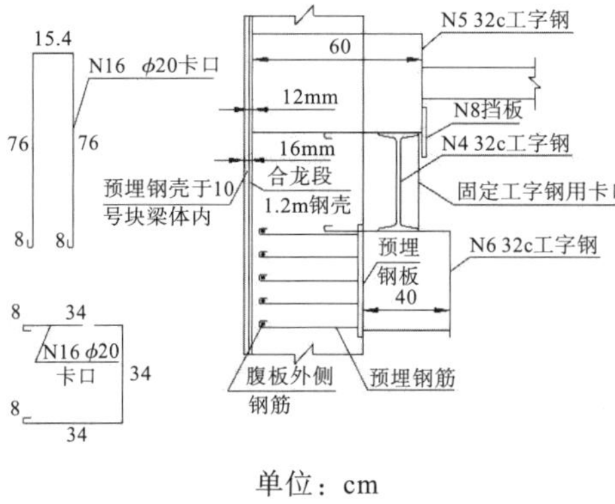

图 5.17　滑架支撑型钢示意图

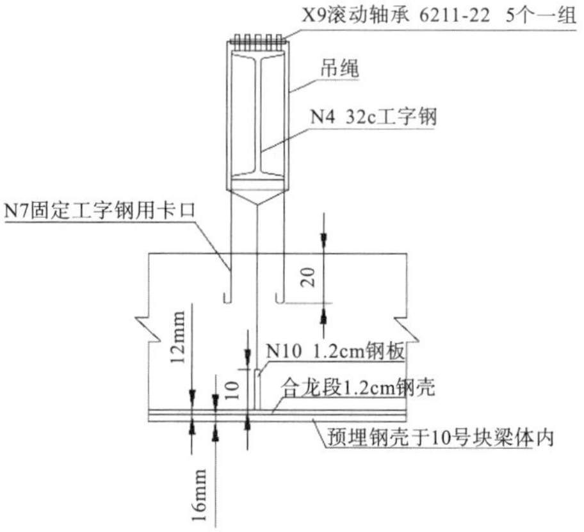

图 5.18　滑架卡扣预埋示意图

4) 混凝土施工

浇筑混凝土，采取保温、保湿措施进行混凝土养护。

5) 安装滑动(合龙)钢板

(1) 在小里程侧 1.2m 钢壳悬出段内侧涂抹黄油，吊装合龙段 1.2m 钢板单元块安装于小里程侧钢壳悬出段内，如图 5.19 和图 5.20 所示。

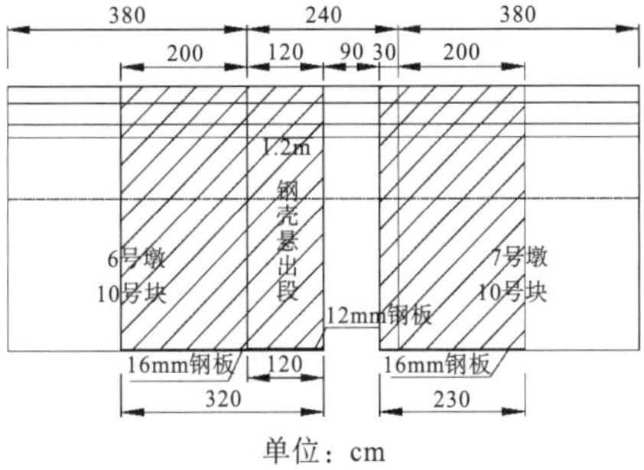

图 5.19　钢壳悬出段立面图

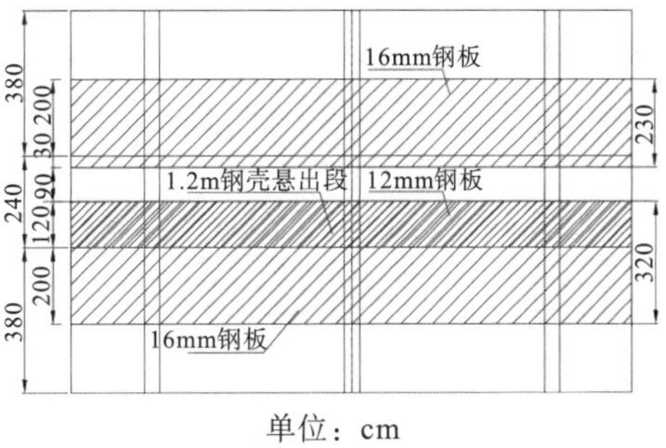

图 5.20　钢壳悬出段平面图

(2) 钢板吊装至施工现场后，按编号放入预先标记的区域内。先安装梁底钢板，焊接完成后，再安装侧面及翼板钢板。

(3) 合龙段钢壳焊接采用单面焊接的方式，钢板材质为 Q345C，根据规范要求，采用 E50 系列低合金焊条。12mm 钢板对接焊接，焊缝宽度为 14mm，焊缝高度为 8mm(2mm 对接缝宽)。

(4) 合龙段 1.2m 钢壳用拉绳拉住，锁死拉绳(底部 4 根，侧面每边 1 根)，以免在转体过程中梁体倾斜时钢壳滑出。

6) 安装固定与滑动支架

滑动支架采用 32c 工字钢，同时安装滑道滚轴、吊绳等设施于 10 号块内，牢固锁死，以免在转体过程中梁体倾斜时工字钢等设施滑出，如图 5.21 所示。

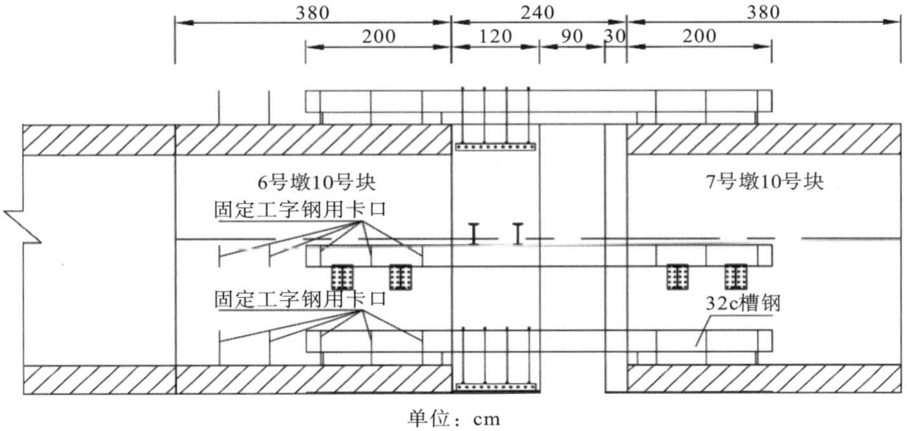

图 5.21　滑道工字钢布置图

3. 转体后合龙

1）平面及高程调节

转体完成后，测量人员对节段预埋测点进行精确测量。一是测量两侧梁体的绝对位置；二是测量两侧梁体的相对位置。首先对平面位置偏差进行调节，调节采用点动的方式进行。平面位置调整好后，复测高程，高程采用梁上配重的方式进行，根据力矩平衡。配重方式采用水箱加减水量来实现，提前计算最大加载量。

2）滑动合龙钢壳

从大里程梁内安装腹板及梁面 4 根工字钢的保险绳，然后解开腹板和梁面工字钢小里程侧的拉绳，移动工字钢到设计工作位置，并调整标高，卡死，保证工字钢工作时不会翻倒。从大里程梁内安装合龙段 1.2m 钢壳的保险绳（拉住底部 4 块吊绳连接钢板），解开合龙段 1.2m 钢壳小里程侧的拉绳。采用卷扬机拉动拉绳，滑动合龙段钢壳于设计位置，如图 5.22 所示。

3）封闭合龙钢壳

焊接合龙段 1.2m 钢壳与预埋钢壳两条内接缝，需保证不会漏水。拆除合龙段 1.2m 钢壳内的加固支架，割除侧面焊接的工字钢及侧面滑道，完成钢壳封闭，如图 5.23 所示。

图 5.22 滑动合龙钢壳

图 5.23 封闭合龙钢壳

4）梁体锁定

利用腹板两侧固定工字钢及顶板、底板滑架，进行梁体锁定。同时，在 2.4m 范围腹板钢壳上焊接拉杆并锚固于内侧模上，间距为 40cm×40cm，防止钢壳外鼓；底部钢壳通过布置在梁顶的吊杆吊挂保证底模稳定。

5) 剪力钉焊接

合龙段 2.4m 范围内的钢板，按设计焊接剪力钉。剪力钉采用 ϕ25，长 250mm 的规格。沿横桥向、竖向间距为 40cm，纵桥向间距为 30cm 布置，如图 5.24 所示。

6) 施工合龙段钢筋混凝土

按合龙段图纸参数，进行钢筋安装、预应力管道安装、预埋件安装、混凝土浇筑、混凝土养护、预应力张拉及管道注浆。

7) 拆除钢壳辅助构件

拆除合龙段锁定装置，拆除底板、顶板上的工字钢滑道、滚轴，剪断吊绳、卡口等设施，合龙段施工完成，如图 5.25 所示。

图 5.24　剪力钉焊接

图 5.25　合龙完成

5.3.4　自闭合式钢壳计算

将钢壳视为模板，钢壳在合龙段混凝土现浇时可能承受的荷载有钢壳自重、新浇筑混凝土自重、施工人员和施工材料荷载、机具行走运输或堆放荷载、振捣混凝土时产生的振动荷载、新浇筑混凝土对侧面模板的压力、倾倒大方量混凝土时产生的水平方向的冲击荷载、其他可能产生的荷载(如风荷载、雪荷载、冬季保温设施荷载)等，需要根据以上荷载对自闭合式钢壳进行强度和刚度计算。根据合龙段的构造特点，为了方便计算，将模板分为以下几个板块：A1(翼缘板)、A2(腹板)、A3(空腹段)、B 侧板，如图 5.26 所示。

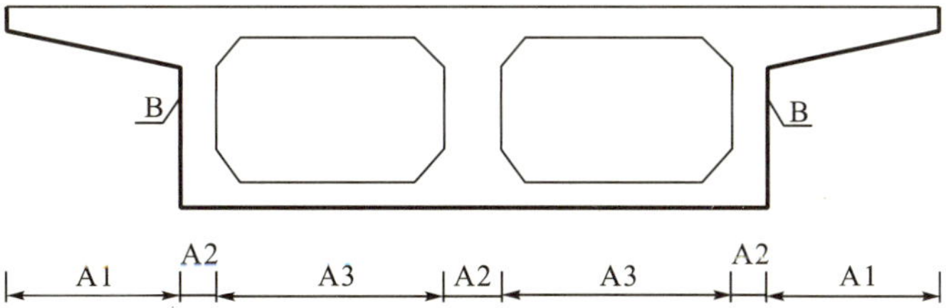

图 5.26　模板计算分块图

1. 荷载取值

(1)钢壳自重P_1：计算时按钢壳重度取78.5kN / m^3。

(2)新浇筑混凝土自重P_2：计算时混凝土重度取$\gamma_c = 26\text{kN/m}^3$。

翼缘板：按翼缘板平均厚度(50cm)计算，$P_{21} = \gamma_c H = 26 \times 0.50 = 13.0(\text{kPa})$。

腹板：按腹板高度(396cm)计算，$P_{22} = \gamma_c H = 26 \times 3.96 = 102.96(\text{kPa})$，本次有限元分析计算中，采用四舍五入的方法对荷载的有效数字取小数点后一位，故腹板新浇筑混凝土自重荷载取值为103.0kPa，以下相同。

空腹段：按腹板高度(83cm)计算，$P_{23} = \gamma_c H = 26 \times 0.83 = 21.58(\text{kPa})$，取为21.6kPa。

(3)施工人员和施工材料、机具行走运输或堆放荷载：$P_3 = 2.5\text{kPa}$。

(4)振捣混凝土时产生的振动荷载：对水平面模板为$P_{41} = 2.0\text{kPa}$，对垂直面模板为$P_{4B} = 4.0\text{kPa}$。

(5)新浇筑混凝土对侧面模板的压力：新浇筑普通混凝土作用于模板的最大侧压力取下列两式计算得到的较小值。

$$P = 0.22\gamma_c t_0 \beta_1 \beta_2 v^{1/2} \tag{5.9}$$

$$P = \gamma_c H \tag{5.10}$$

式中，P为新浇筑混凝土对模板的最大侧压力；γ_c为混凝土的重度；t_0为新浇筑混凝土的初凝时间；β_1为外加剂影响修正系数，不掺外加剂时取1.0，掺缓凝作用的外加剂时取1.2；β_2为混凝土坍落度影响修正系数，当坍落度小于30mm时，取0.85，在50～90mm之间时，取1.0，在110～150mm之间时，取1.15；v为混凝土的浇筑速度；H为侧模高度。

查阅施工资料，以上计算参数取值如下：$\gamma_c = 26\text{kN/m}^3$；$t_0$=8h；$\beta_1$=1.2；$\beta_2$=1.15；$v$=0.8m/h；$H = 3.2\text{m}$。

由式(5.9)可得，$P = 0.22\gamma t_0 \beta_1 \beta_2 v^{1/2} = 0.22 \times 26 \times 8 \times 1.2 \times 1.15 \times \sqrt{0.8} = 56.5(\text{kPa})$，由式(5.10)可得，$P = \gamma_c H = 26 \times 3.2 = 83.2(\text{kPa})$，两者较小值为56.5kPa，故新浇筑混凝土对模板的最大侧压力P_5取56.5kPa。

混凝土侧压力计算分布图如图5.27所示。新浇筑混凝土对侧面模板的压力沿侧模高度方向呈梯形分布。

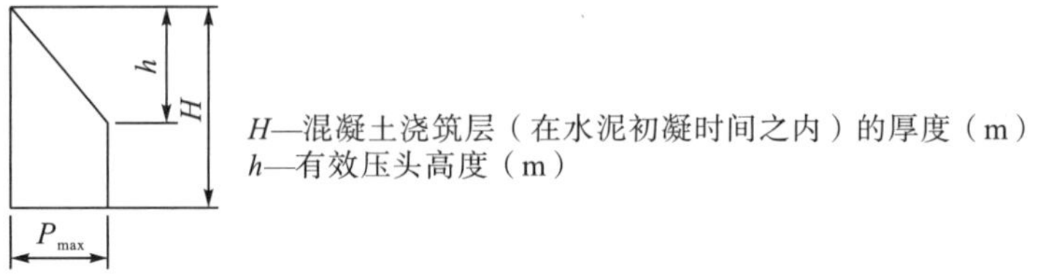

图5.27 侧压力分布图

有效压头高度的计算公式如下：

$$h=\frac{P}{\gamma_c} \tag{5.11}$$

求解有效压头高度，$h=\frac{P}{\gamma_c}=\frac{56.5}{26}=2.2(\mathrm{m})$，故本钢壳模型分析计算中，混凝土侧压力为 0 位置处开始到其垂直高度以下 2.2m 处，新浇筑混凝土对钢模板的侧压力荷载呈线性变化，从 0 逐渐增加至 56.5kPa；垂直高度往下 2.2～3.2m 段，新浇筑混凝土对钢模板的侧压力荷载呈均匀分布，均布压力大小为 56.5kPa。

(6) 倾倒大方量混凝土时产生的水平方向的冲击荷载：$P_{6B}=4.0\mathrm{kPa}$。

(7) 根据实际情况确定的其他可能产生的荷载 P_7。

2. 荷载组合

混凝土浇筑时钢壳计算的荷载组合及分项系数见表 5.1 和表 5.2。

表 5.1 混凝土浇筑时钢壳计算的荷载组合

钢壳部位	荷载组合	
	强度计算	刚度验算
钢壳底模	$P_2+P_3+P_{41}$	P_1+P_2
钢壳侧模	$P_{4B}+P_5$	P_1+P_5

表 5.2 混凝土浇筑时钢壳计算的荷载分项系数

荷载类别	γ_i
模板、支架自重 P_1	1.2
混凝土自重 P_2	1.2
施工人员和施工材料、机具行走运输或堆放荷载 P_3	1.4
振捣混凝土时产生的竖向荷载 P_{41}	1.4
新浇筑混凝土对侧面模板的压力 P_5	1.2
振捣混凝土时产生的侧向荷载 P_{4B}	1.4

模板自重在计算模型中另计，下面进行刚度和强度组合计算时没有列出。

(1) 强度计算时，作用于 A1（翼缘板）的荷载为

$$P_{A1}^{强}=1.2P_{21}+1.4P_3+1.4P_{41}=1.2\times13+1.4\times2.5+1.4\times2.0=21.9(\mathrm{kPa})$$

作用于 A2（腹板）的荷载为

$$P_{A2}^{强}=1.2P_{22}+1.4P_3+1.4P_{41}=1.2\times103+1.4\times2.5+1.4\times2.0=129.9(\mathrm{kPa})$$

作用于 A3(空腹段)的荷载为

$$P_{A3}^{强}=1.2P_{23}+1.4P_{3}+1.4P_{41}=1.2\times21.6+1.4\times2.5+1.4\times2.0=32.2(\text{kPa})$$

作用于 B(侧板)的荷载为

$$P_{B}^{强}=1.4P_{4B}+1.2P_{5}=1.4\times4.0+1.2\times56.48=73.4(\text{kPa})$$

(2)刚度验算。作用于 A1(翼缘板)的荷载为

$$P_{A1}^{刚}=1.2P_{21}=1.2\times13=15.6(\text{kPa})$$

作用于 A2(腹板)的荷载为

$$P_{A2}^{刚}=1.2\times P_{22}=1.2\times103=123.6(\text{kPa})$$

作用于 A3(空腹段)的荷载为

$$P_{A3}^{刚}=1.2\times P_{23}=1.2\times21.6=25.9(\text{kPa})$$

作用于 B(侧板)的荷载为

$$P_{B}^{刚}=1.2P_{5}=1.2\times56.48=67.8(\text{kPa})$$

3. 加载

根据荷载组合计算结果，钢壳每延米荷载分布如图 5.28 所示。

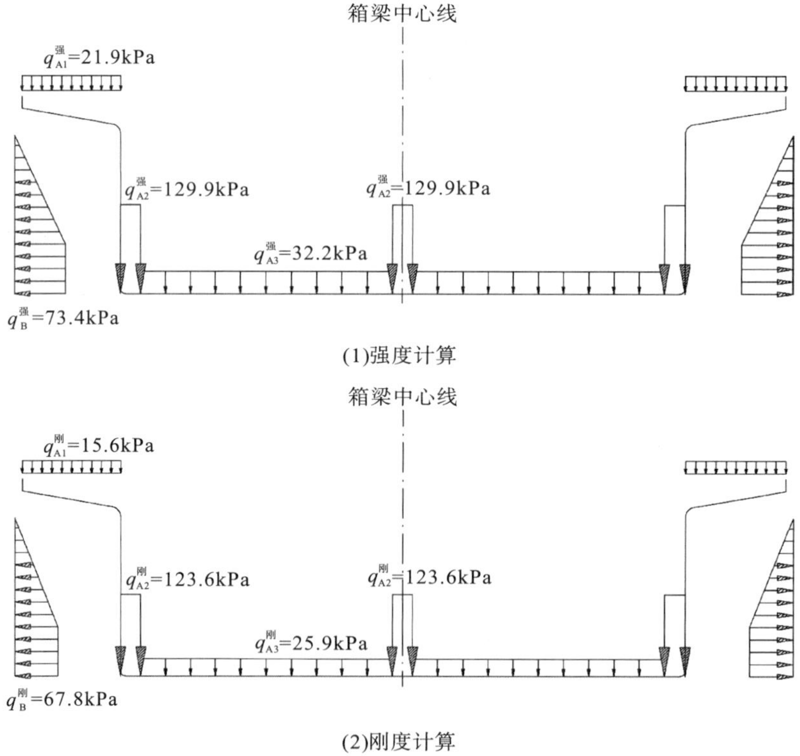

图 5.28 钢壳每延米荷载分布图

4. 建立有限元模型

钢壳合龙段采用 ABAQUS 软件进行建模分析，过程如下。

1) 创建三维模型

在 AutoCAD 三维建模里输入拉伸命令，将二维钢壳的图形拉伸为三维钢壳实体，保存为 SAT 格式。然后在 ABAQUS 中进入 Part 模块导入钢壳部件的 SAT 文件，完成钢壳部件三维模型的创建。

2) 创建材料和截面属性

钢壳材料为 Q345c 钢材，弹性模量为 206GPa，泊松比为 0.3，设计强度为 310MPa。在计算钢壳受力时，钢壳自重在组合荷载里不考虑，而在建模时将其输入重力荷载，钢壳的重力荷载值 P_1 等于其重度乘以组合系数 1.2，即 $P_1=1.2\times78.5=94.2(\text{kN/m}^3)$。

ABAQUS 软件与其他有限元软件不一样，ABAQUS/CAE 不能直接将材料属性定义给部件模型，而是先定义材料和截面属性，然后将材料属性赋予在截面上，最后将截面属性赋予部件模型。所以建模时先在 Property 模块中依次定义 Q345c 钢材的本构模型和截面属性，然后将截面属性赋予钢壳模型，这里定义截面属性为均质壳截面。

3) 添加荷载和边界条件

在前面的荷载取值中，我们知道现浇梁模板的不同横向区域，在浇筑混凝土时承受不同荷载值。故在 ABAQUS (Load) 模块施加荷载前选择平面创建分区，把模板模型划分为 4 个板块：A1 (翼缘板)、A2 (腹板)、A3 (空腹段)、B 侧板。

大树村龙川江三线大桥中 A1 (翼缘板)、A2 (腹板) 和 B 侧板的钢壳模板的荷载类型选用表面荷载施加，荷载 B 侧板有效压头高度区域荷载线性变化，按三角形荷载和均布荷载叠加处理，三角形荷载静水压力输入，输入时注意零压强高度、参考压强高度和该高度压力，如图 5.29 所示。

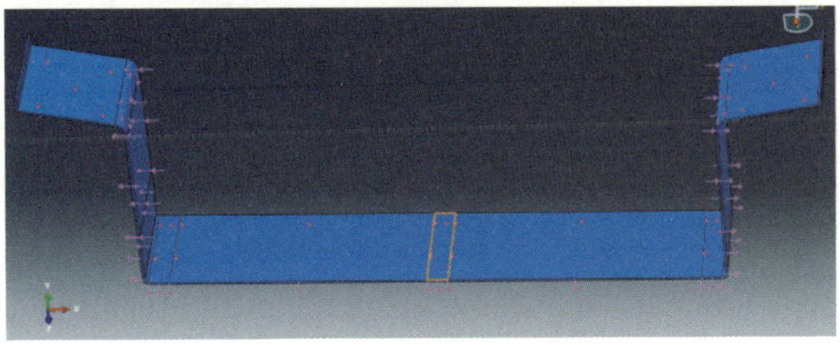

图 5.29　荷载施加效果图

大树村龙川江三线大桥的 10 号节段是主梁悬臂浇筑的最后一个节段，在浇筑 10 号节段前预埋钢壳并悬挑出部分钢壳在 2.4m 合龙段。浇筑好 10 号节段混凝土后固定嵌补钢壳，桥梁再进行转体。转体就位后，嵌补剩余钢壳并进行焊接拼接。在浇筑合龙段混凝土时，已浇筑好的 10 号段已经成型，整个合龙段钢壳处于被约束不动的状态，故该合龙段钢壳的边界条件采用固支约束(6 个自由度均被约束，钢壳两端的 x、y、z 3 个方向的位移和转角为 0°)来模拟，如图 5.30 所示。

4) 网格划分

网格划分的质量不仅影响计算量和计算时间，并且也关系到计算结果的精确性。本次建模分析，网格划分单元采用扫掠形式，单元形状为六面体单元，单元类型为壳单元 SCR8，布置网格全局尺寸为 100mm，如图 5.31 所示。

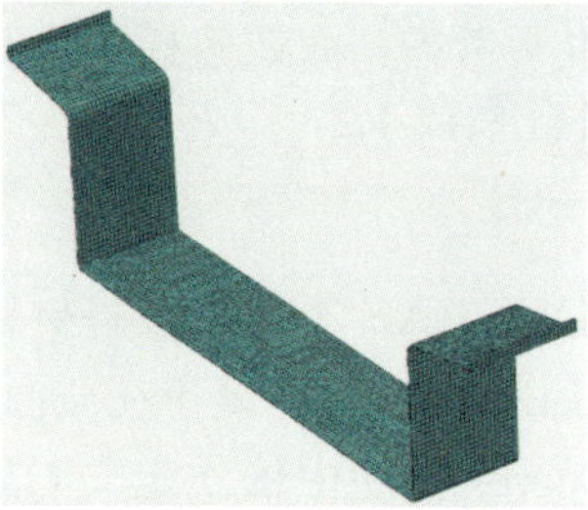

图 5.30　边界条件

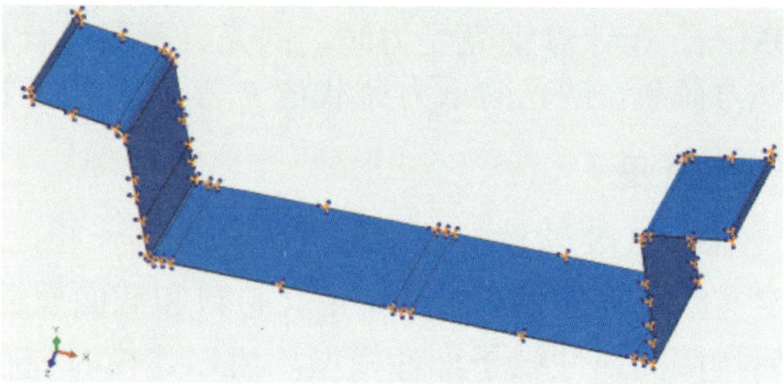

图 5.31　网格划分

5. 计算结果分析

中跨合龙段混凝土浇筑时的计算结果分析如下：

1) 强度计算

经有限元计算，钢壳等效应力云图如图 5.32 所示。

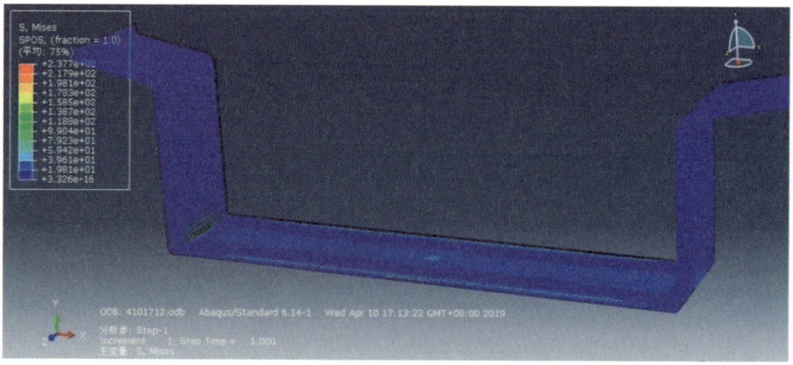

图 5.32　钢壳等效应力云图

由图 5.32 可知，钢壳最大等效应力为 237.7MPa，小于 Q345 的强度设计值(310MPa)，故钢壳的强度在中跨合龙段浇筑混凝土过程中满足要求。

2)刚度计算

经计算，钢壳变形云图如图 5.33 所示。

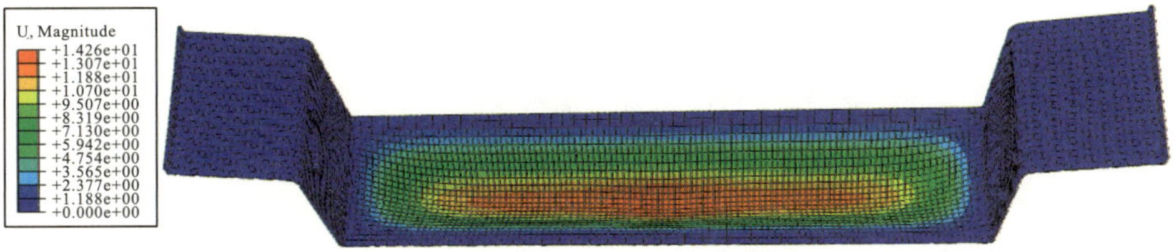

图 5.33　钢壳变形云图

由计算结果可知，钢壳 x 向(横桥向)的变形最大值为 1.073mm，故钢板的面板变形均小于容许变形 1.5mm[25]；钢壳 y 向(竖桥向)最大变形(最大挠度)为 14.26mm，小于模板构件跨度的 1/400[25](37.25mm)。故钢壳的刚度在中跨合龙段浇筑混凝土过程中满足要求。

参考文献

[1] 齐林.大跨度连续刚构桥施工控制理论与应用研究[D]. 长沙: 中南大学, 2007.

[2] 李乔, 卜一之, 张清华.大跨度斜拉桥施工全过程几何控制概论与应用[M].成都: 西南交通大学出版社, 2009.

[3] 田维锋, 周水兴, 秦镇.基于无应力状态法的零杆虚位移修正[J].重庆交通大学学报(自然科学版), 2010, 29(1): 20-22.

[4] 卜一之, 孙才志.大跨度结合梁斜拉桥制造线形控制与分析[J].重庆交通大学学报(自然科学版), 2011, 30(5): 916-920.

[5] 葛耀君.分段施工桥梁分析与控制[M].北京: 人民交通出版社, 2003.

[6] 梁鑫.预应力混凝土斜拉桥悬臂拼装施工线型控制方法研究[D]. 成都: 西南交通大学, 2006.

[7] 李乔, 唐亮.悬臂拼装桥梁制造与安装线形的确定[M]//第十六届全国桥梁学术会议论文集[C].北京: 人民交通出版社, 2004.

[8] 秦顺全.桥梁施工控制: 无应力状态法理论与实践[M].北京: 人民交通出版社, 2007.

[9] 黄晓航, 高宗余.无应力状态控制法综述[J].桥梁建设, 2010(1): 71-74.

[10] 秦顺全.分阶段施工桥梁的无应力状态控制法[J].桥梁建设, 2008(1): 8-11.

[11] 王帆.分阶段施工桥梁线形控制[D]. 成都: 西南交通大学, 2015.

[12] 刘建, 陆新焱.基于无应力状态法的高墩大跨连续刚构桥合龙方案研究[J].中外公路, 2013, 33(1): 8-14.

[13] 梅盖伟, 张敏, 周水兴.用倒拆修正法计算拱桥施工扣索索力与预抬量[J].重庆交通大学学报(自然科学版), 2009, 28(2): 199-202.

[14] 肖启山, 李迎阳, 张希, 赵凡, 姜苏.连续梁通用的顶板模板组件及连续梁顶板的施工方法[P].中国: CN108412196A, 2018-8-17.

[15] 胡国华, 蒋云昕.连续梁合龙段几个关键问题的探析[J].智能城市, 2018, 4(17): 85-86.

[16] 白晓红.挂篮吊架施工连续刚构边跨现浇段及合龙段的研究[J].四川建筑科学研究, 2013, 39(02): 382-385.

[17] 武峰.跨既有铁路京包四线连续梁合龙段钢壳施工技术[J].铁道建筑技术, 2012(1): 63-65.

[18] 姚保辉.集包第二双线霸王河特大桥连续梁转体设计与施工关键技术[J].铁道建筑, 2014(7): 22-24.

[19] 卢春房.轨道工程-高速铁路建设典型工程案例[M].北京: 中国铁道出版社, 2015.

[20] 董国亮.京石铁路客运专线滹沱河特大桥跨京广铁路连续梁转体桥中跨合龙段施工技术[J].铁道标准设计, 2011(10): 78-82.

[21] 贾优秀.跨既有铁路转体连续梁钢壳法合龙技术[J].施工技术, 2016, 45(11): 42-45.

[22] 刘正飞, 王常峰, 窦国昆, 李颖.转体施工连续梁中跨钢壳法合龙方案改进及分析[J].铁道建筑, 2018, 58(05): 31-33.

[23] 李传琳, 车文庆, 何海滨, 梁俊雄, 高洪辉, 樊则飞, 张敦宝, 李万雄, 彭勃, 陈美伶, 夏德俊, 葛昆鹏.一种钢壳滑道系统[P].中国: ZL 2018 2 0205921.5, 2018-09-28.

[24] 车文庆, 李传琳, 王琦, 何海滨, 张敦宝, 蒋永联, 樊则飞, 梁俊雄, 张煜, 高洪辉, 姚志国, 赵伟.一种自闭合式合龙钢壳系统[P].中国: ZL 2018 2 0207483.6 , 2018-09-25.

[25] 中华人民共和国交通部. JTG/T F50—2011, 公路桥涵施工技术规范[S].北京: 人民交通出版社, 2011.

第 6 章　转体施工监控与安全防护

6.1　施 工 监 控

桥梁各施工阶段和成桥后的几何线形、内力状态都与其运营状态、使用寿命密切相关，而想要得到理想的线形及内力状态，不仅要依靠科学的结构设计，而且还要依靠施工过程的施工监控。施工监控分为施工监测和施工控制两个方面，前者是通过在施工期间布设的用于桥梁监控的仪器、监测系统，实时获取桥梁结构的状态，是施工监控的重要组成部分。后者是结合施工监测，基于现代控制理论，对结构进行跟踪计算分析，得出施工阶段合理的反馈控制措施，为施工过程提供决策依据，也为结构行为控制提供理论数据，从而正确指导施工，确保施工过程结构的安全性、稳定性，确保桥梁成桥质量和使用安全[1]。

6.1.1　施工监控原则

施工监控的最终目标是确保成桥后结构内力和线形满足设计要求。转体施工监控中须遵循 4 个方面的原则：满足受力要求、线形要求、稳定要求及内力与线形的调控手段符合规范[2]。

(1) 受力要求。受力要求包括结构截面的内力或应力符合设计要求。对于转体施工梁桥结构，主梁、桥墩截面的内力或应力状况可以反映该桥的整体受力状态，球铰结构的应力也必须满足设计规范要求。

(2) 线形要求。线形要求包括顺桥向主梁的梁顶标高及平面曲线符合设计要求。在施工过程中，通过设置合理的预拱度，使成桥后恒载下主梁的标高符合设计标高的要求。

(3) 稳定要求。稳定要求转体结构在悬臂及转体过程当中不能发生倾覆。主要对转体关键技术指标进行监测监控，精确调整平衡重，使转体结构不平衡弯矩接近零，确保转体稳定性。

(4) 内力与线形的调控手段。在施工过程中，由于各种因素的影响，使得结构的实际状态可能会偏离设计状态，为了使成桥的内力和线形满足设计要求，就必须采用有效的调控手段。调整立模标高是主梁线形调整的直接手段，内力一般不需要调整。

6.1.2 施工监控方法

在实际施工中，由于设计参数误差、施工误差、测量误差、结构分析误差等综合因素干扰，桥梁结构的实际状态与理想状态总存在一定的误差。施工监控所要解决的主要问题就是如何调整这些误差，使实际状态尽量接近理想状态。大跨度桥梁施工监控所采用的理论和方法主要有设计参数识别和调整、Kalman 滤波法、灰色理论法和最小二乘法。

大量工程技术人员通过许多实践已发现，设计参数误差是引起大跨度桥梁施工误差的主要因素之一。设计参数误差是指在进行桥梁结构分析时所采用的理想设计参数与结构实际状态所具有的相应设计参数值的偏差。由于设计参数误差的存在，使通过结构分析得到的桥梁结构的理想状态与施工后的结构实际状态之间存在偏差。桥梁施工监控要解决的就是如何通过修正设计参数误差使结构的实际状态达到或逼近结构的理想状态。为达到这个目的，首先要确定引起桥梁结构偏差的主要实际参数，其次就是运用最小二乘理论来识别这些参数误差，最后要得到设计参数的正确估计值，通过修正设计参数误差，使桥梁结构的实际状态和理想状态相一致。鉴于此，施工监控中，需要对设计参数进行识别和调整，利用最小二乘法进行参数估计。采用自适应方法进行施工监控，自适应控制是在闭环反馈控制的基础上，再加上一个系统参数识别过程，是一个预告—施工—量测—计算—参数识别—分析—修正—预告的循环过程，即在施工过程中，比较结构测量的受力状态与模型计算结果，依据两者的误差进行参数调整(识别)，使模型的输出结果与实际测量的结果相一致。利用修正的计算模型参数，重新计算各施工阶段的理想状态，按反馈控制方法对结构进行控制。这样经过几个工况的反复识别后，计算模型就基本上与实际结构相一致了，在此基础上可以对施工状态进行更好的控制。

1. 引起结构状态偏差的设计参数确定

桥梁结构的设计参数主要是指能引起结构状态(变形和内力)变化的要素。在同一座桥梁结构中，不同的设计参数对结构状态的影响程度是不同的，而且，同一个设计参数对不同的结构体系有不同程度的影响，所以进行施工监控首先必须确定影响控制桥梁结构状态的主要设计参数。

对于大跨度桥梁主要的设计参数包括结构几何形态参数，如跨径、截面特性等参数；与时间有关的参数，如温度、混凝土的收缩、徐变等；荷载参数，如混凝土重度、施工临时荷载、预加力等；材料特性参数，如材料的弹性模量 E 和剪切模量 G 等。

在同一座桥梁的施工监控中，并不是每一个设计参数都同时出现，而且不同的设计参数对桥梁结构状态的影响程度也不同。对设计参数进行判别，一方面要确定设计参数的实际值，另一方面要判别对结构状态影响较大的设计参数(主要参数)。通过结构的计算分析，采用设计参数敏感性分析可确定其主要设计参数，步骤如下：

(1)选定监控目标，如桥梁结构跨中挠度，利用结构分析系统，修改设计参数值，计算成桥状态跨中挠度变化幅度，并建立各参数敏感性方程。

(2)依据影响程度确定出主要设计参数和次要设计参数。

(3)通过设计参数敏感性分析，确定出主要设计参数，在桥梁的施工监控中，只考虑主要设计参数的修正，忽略次要设计参数的影响。

2. 主要设计参数的估计和修正

确定主要设计参数之后，就可对主要设计参数进行正确的估计，根据参数估计的结果，对原假定设计参数进行修正。参数估计的方法很多，常用的估计准则有最小方差准则、极大似然准则、线性最小方差准则及最小二乘准则。本书采用最小二乘法对主要设计参数进行估计和修正。

3. 优化调整

分析设计参数误差对桥梁变形和受力的影响，应用优化方法调整本梁段与后续梁段的立模标高，使成桥状态最大限度地接近理想设计成桥状态，并保证施工过程中受力安全。

优化调整的方法很多，常用的有带权的最小二乘法、线性规划法等。本桥由于施工节段较多，参数识别及优化调整就显得更为重要。监控时将选择一种合适的优化方法进行优化计算。施工监控中，主要以控制主梁标高及截面应力为主，与之相对应，优化调整时考虑这两个因素，建立监控目标函数和约束条件。

6.1.3　施工监控程序

大树村龙川江三线大桥的主梁转体部分采用悬臂浇筑施工，从施工到成桥要经过多个施工阶段，各阶段施工给后续阶段带来内力和变形的各种复杂影响。合龙前，转铰的微小竖向转动就会带来主梁线形较大的刚体位移。转体后要进行体系转换，对主梁线形要求较高，结构内力也要满足设计要求，为了保证桥梁转体顺利就位，就必须对桥梁各施工阶段采取施工监控措施。

大树村龙川江三线大桥采用的施工监控程序如图 6.1 所示。

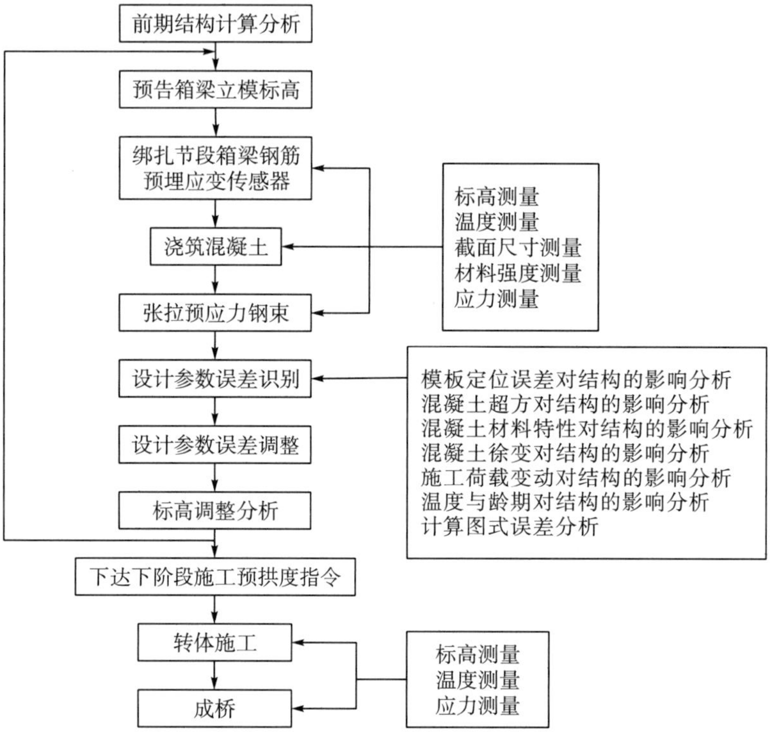

图 6.1 桥梁施工监测程序

6.1.4 施工监控主要内容

施工监控主要包括理论分析预测、施工监测及施工控制三部分。

1. 理论分析预测

理论分析的主要内容就是对施工过程中每个阶段和成桥阶段的内力和变形在确定的材料参数、荷载边界条件下进行分析预测。

1) 内力及变形计算

理论分析的方法主要有正装分析法、倒装分析法和无应力状态计算法，本桥采用正装分析法计算主梁的内力变形。计算除考虑结构的几何尺寸、自重、预应力外，尚应计入混凝土的收缩、徐变及温度变化等的影响。而且上转盘结构在转体过程中容易发生开裂，应详细计算其局部应力变化情况。

2) 立模标高的确定

立模标高即施工时模板的放样标高，是考虑施工及运营过程中各种因素的影响并通过桥梁设计标高比较得出来的。立模标高确定的目的就是使成桥后桥面达到设计标高。

2. 施工监测

施工监测是大跨度桥梁施工监控的基础。大跨度桥梁施工过程复杂，影响其施工监控目标顺利实现的因素很多，在施工中必须对重要的结构设计参数和状态参数进行监测，以获取反映实际施工情况的数据和技术信息，不断根据实际情况修正原先确定的各施工阶段的理想状态，使施工状态始终处于控制范围之内。同时，施工监控采用的反馈分析方法是建立在结构理想设计状态、实测结构状态和误差信息的基础之上的，进行施工过程的跟踪监测是施工监控中必不可少的。

测试部位和测试点的布置，必须建立在结构分析的基础之上，以做到有的放矢，决不能遗漏关键部位和关键点。要在恰当的时候对各项目进行测试，使测试的数据能真正反映结构的状况，为监控分析提供依据。

对于本桥进行施工监测的主要工作内容包括：施工监控控制网的建立和复测；结构的变形监测，如主梁的线形、标高等；结构的内力和应力监测，如主梁关键断面的应力监测。

1）施工监控控制网的建立和复测

桥梁施工监控控制网分为高程控制网和平面控制网，高程控制网用各等级水准测量来建立，其密度一般要求安放一次水准测量仪器即可测试所需要放样点的高程。平面控制网的布设形式有多种，随工程种类不同而不同。施工监控单位不再另建控制网，与施工单位共用同一控制网。

2）应力监控

为了实时了解施工时主梁关键断面的应力状况，同时也为了与设计预测值进行比较，验证各项设计假定的合理性及设计的可靠性，为施工监控提供数据，须对该桥控制断面进行施工应力监测。采用钢弦式应变计及应力测试仪进行应力测试，如图 6.2 和图 6.3 所示。该传感器具有性能稳定、温度误差小和抗干扰能力强等优点，可以获得关键工序的检测数据。通过计算和分析，最后得到结构的实时应力状态，从而为施工提供必要的数据，以此来指导施工，防止出现事故。

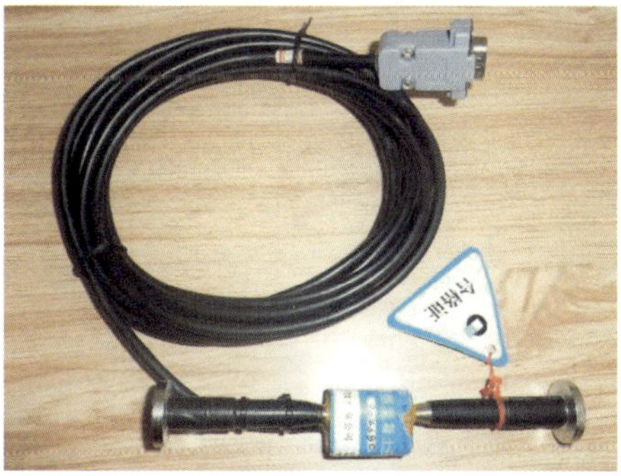

图 6.2　钢弦式应变计

图 6.3　应力测试仪

(1) 下转盘应力监测。下转盘应力监测主要是监测转体荷载作用下下转盘内部混凝土的应力及其变化状况，从中反映出转动体系的偏心状况，为使转体结构安全转到位和纠偏提供依据。通过测量转动体系重心位置的偏心状况，以此来指导施工，有针对性地采取平衡配重措施，从而控制转体姿态。

上转盘浇筑前、浇筑完毕、箱梁各施工段浇筑完毕及张拉前后、转体施工前后、合龙段浇筑前后，都要进行下转盘混凝土应力测试。转盘应力监测的方法是在下转盘混凝土内部布置钢弦式应变计测点，埋设埋入式钢弦式应变传感器，如图 6.4 所示。

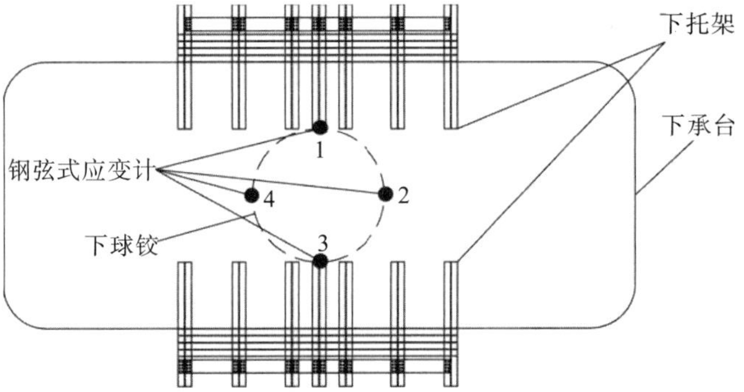

图 6.4 下转盘应变测点位置布置图

(2) 墩身应力监测。测试转盘上墩身 4 个面的底部截面的竖向应力分布变化情况，可为整个体系在施工及转体过程中进行平衡控制与调整，起到积极主动的实际指导作用。

应变测量采用埋入式钢弦式应变计，在转体墩墩底截面 4 个面各布置 1 个测点，距边缘 5cm，应变计埋设在距墩底面上方约 50cm 处。墩身应变测点布置图如图 6.5 所示。

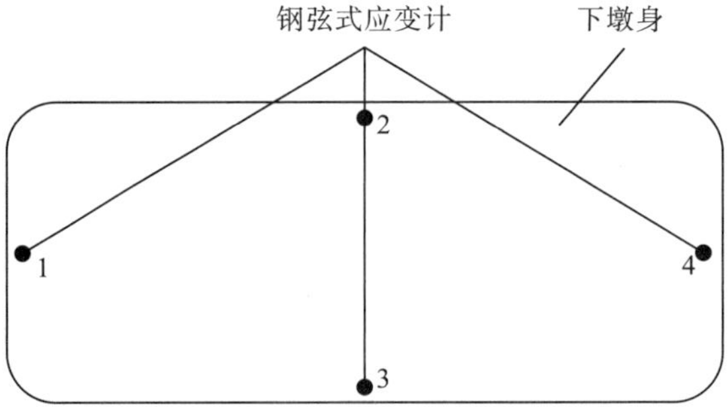

图 6.5 墩身应变测点布置图

(3) 主梁应力监测。主梁施工阶段，悬臂部分根部截面混凝土内纵向应力随着预应力张拉、悬臂浇筑施工或全部处于悬臂状态及体系转换等施工阶段的不同随时都在发生变化，该截面十分复杂，应力的变化较大，是主梁混凝土施工的关键控制截面。为控制其应力及变形，施工中随时监测混凝土的应力是十分必要的。

沿 T 构顺桥向设 3 个控制断面，即根部和跨中截面处、根部截面上缘、跨中截面下缘各预埋 3 个应变计，布置图如图 6.6～图 6.8 所示。

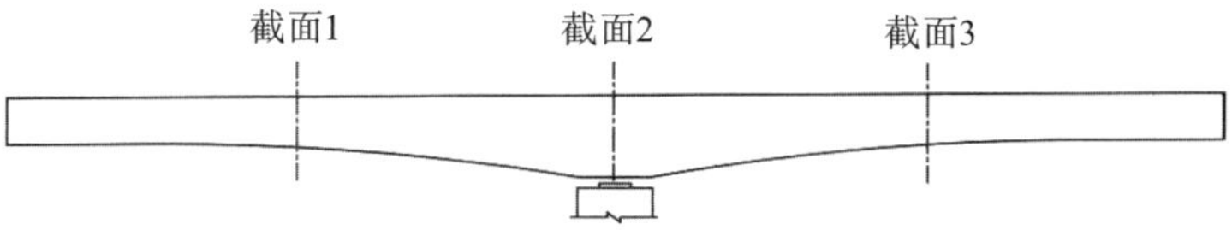

图 6.6　测点截面布置图

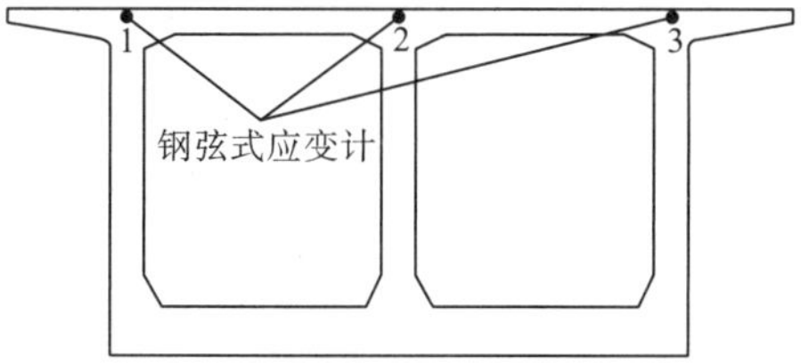

图 6.7　截面 1、2 测点布置图

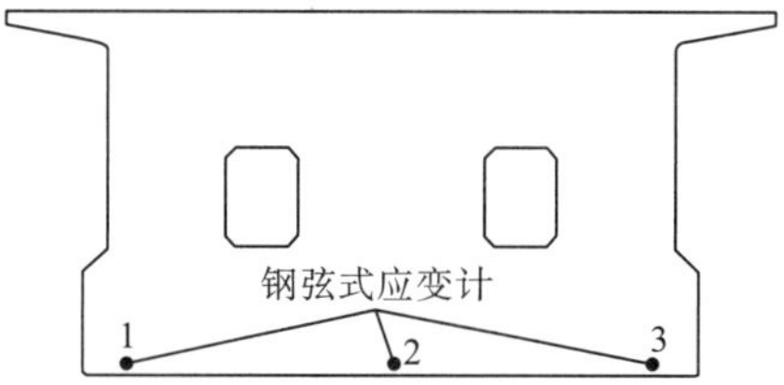

图 6.8　截面 3 测点布置图

监测工况分为以下几种情况：主梁各节段施工过程中浇筑前、浇筑后、张拉后，主梁试转前、转体后，边跨合龙和中跨合龙后，桥面铺装后。

3) 主梁线形监测

为保证桥梁线形符合设计要求，必须在主梁施工过程中进行线形控制。根据本桥设计图纸和施工要求，结合实际，线形测量主要为主梁中线偏位及标高测量。由于桥梁跨度大，主梁线形受温度影响较大，因此，日常观测应基本选在每天固定的时间进行，如日出前或傍晚时间，并考虑对日照、风力、大气压等影响进行适当修正。主梁线形监测主要的内容是箱梁分段浇筑过程中各梁段的预拱度监测，最为关键的是确定各施工阶段浇筑前的立模标高。

4) 试转及正式转体过程监控

为了保证转体的顺利进行，需要对转体结构进行试转来获取相应的数据，那么在试转过程就需要监测所需要的数据，通常需要在天气条件允许的情况下进行试转。还要保证转体过程中桥梁结构安全和确保既有线路的运营安全，必须随时掌握转体结构在转动过程中的主梁前端竖向位移、撑脚位移、转动速度和转体前后控制断面应变的变化情况，需对各项主要控制参数进行随时监测，具体监测方案如下。

(1) 高程监测。将梁体的 4 个角作为梁体高程监测的控制点，使用全站仪及塔尺对高程进行测量。高程控制点如图 6.9 所示。首先监测的是转体系统在脱离支架后处于悬臂状态时，结构在静止状态下监测梁体高程的变化，每次测量都需要选择地面水准点作为参考点，连续监测 24h，以此来获得梁体的挠度变化情况。其次是在转动过程中对悬臂端高程进行监测，该监测的目的是保证梁体能够平稳地转动到位，避免结构发生倾覆，若出现异常现象，可以及时采取相应的措施保证转体能正常地进行。在转体结构转动到位后，监测的目的是保证主梁在合龙时的精度，通过监测的数据进行高程的微调使结构能够进行合龙，保证施工正常进行。

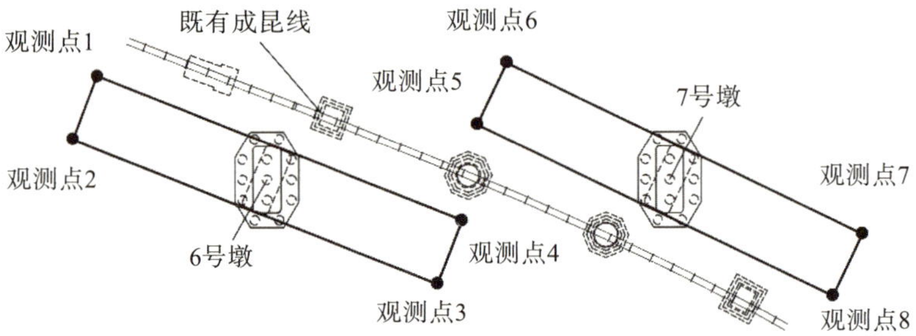

图 6.9　高程控制点简图

(2) 转动速度监测。转动速度的控制可以通过转盘上安装的刻度进行转动速度的监控，该方法是在转台上根据转体角度和转盘直径换算成刻度，每一度在转盘上为 10cm，将制作好的刻度条和指针安装在转盘上，便于监测转动速度，如图 6.10 所示。通过总控制台对油泵进行严格控制，从而严格控制转动角加速度和角速度，实时观测转体角度，并用计算机控制转体速度，防止因转动速度过大

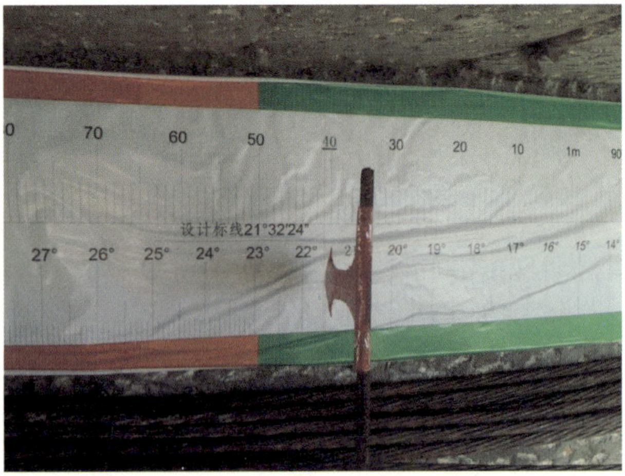

图 6.10　转盘安装刻度设置图

而造成事故。对可能出现的转动开始和停止时角速度的改变情况进行预测，防止转动角速度过大对梁体产生损伤。顺利转体就位后，通过监测的高程来调整使桥能够合龙，还要注意梁体结构应力的改变，从而保证施工正常进行。

(3) 转动系统监测。桥梁在转动过程中，需要控制转动的速度，更需要反复观测主梁轴线偏位及各特征截面的高程变化情况，还要观测撑脚与滑道之间的空隙及滑道面情况，并及时补充润滑剂。最重要的是监测承台钢板与反力支座相结合部位的混凝土表面状况，若在转动中起壳、开裂，则必须立即停止转动，需要重新做评估，确保安全无误后，才可以继续转体。

3. 施工控制

桥梁施工控制是整个桥梁监控的核心任务，就是把现代控制理论在桥梁中进行运用，从而确保桥梁在施工过程中，桥梁结构的内力、变形、应力都在施工允许的范围内，最终确保桥梁施工后桥梁的变形与内力满足设计要求[3]。一般来说，桥梁的理论分析预测值与实际的监测值存在一定偏差。监控的目的就是调整实际和理论的误差，使结构的线形和内力尽量符合设计的要求。桥梁施工控制的原则和方法在前一部分已详细叙述过，在此不再重复。桥梁施工控制主要包括以下几个方面的内容：误差分析和原因判断；修改设计参数和结构计算；预告主梁下阶段标高定位及确定重点关注的关键因素。

1) 误差分析和原因判断

(1) 立模标高误差分析。

(2) 混凝土超方对结构的影响分析。

(3) 预应力张拉误差对结构的影响分析。

(4) 混凝土弹性模量对结构的影响分析。

(5) 混凝土徐变对结构的影响分析。

(6) 施工荷载变动对结构的影响分析。

(7) 温度与龄期对结构的影响分析。

2) 修改设计参数和结构计算

根据结构的测量状态与模型计算结果的误差，进行设计参数的优化识别。采用已识别出的参数，用有限元法进行结构分析。

3) 预告主梁下节段标高

根据前节段参数识别的结果及理论计算分析，提供下节段的立模标高。需要说明的是，每个阶段的立模标高都是独立计算和放样的。在实际施工过程中需要对现场每个节段最后的标高进行量测并与理论计算值相对比，对于结构的参数，要针对每个节段的材料进行试验取值。所以，这种方法的优点就是放样误差不累积。

4）施工控制中重点关注的几个关键因素

本桥以线形控制为主，应力控制为辅。影响线形的因素可以分为刚性及弹性两大类。

(1)刚体转动。转体结构在转体过程当中，不可避免地会产生偏移、倾斜等情况，导致结构偏离设计位置，该问题的修正措施除在转体之前要对结构进行平衡重调节之外，转体结束后还要根据具体偏移情况利用设置于转盘下的千斤顶进行修正。

(2)弹性因素。首先弹性变形是可以通过计算得到的，实际施工时应最大可能地保证计算参数与设计值的吻合或能够精确确定有关的计算参数，使计算值与实际值高度吻合，尽量减少参数识别。为此，应做到建模计算参数、边界条件设定准确；温度变形的影响应根据实测情况予以修正；施工时严防胀模，防止由此导致的结构刚度和重力变化；结构重度结合设计图上给出的混凝土用量及钢筋数量精确计算；确定有效预应力；精确测定混凝土各施工阶段对应的弹性模量。

6.2 安 全 防 护

6.2.1 施工风险源

风险辨识又称为风险识别，即是要对目标风险系统可能出现的致险形式及其影响因素、目标风险系统致险因素可能造成的后果进行识别[4]。目前，关于风险源辨识的理论方法，我国的研究也趋于成熟，各种方法不断在众多实践中得以改进，成功地指导了实践，其中适用于桥梁的辨识方法有很多，比较常见的有层次分解法[5]、头脑风暴法[6]、事故树分析法[7]、幕景分析法[8]及检查表法[9]等。在桥梁工程领域中，风险分析是整个安全评价体系中的一个组成部分，具体的分析是评估人员从人员、机械、原料、施工工艺、环境 5 个方面采用一定的系统安全工程方法分析导致事故发生的致险因子。具体如下：人员方面，是否接受必要的安全教育、是否持相关证件上岗等；机械方面，是否经过相关部门检查、劳损是否严重等；原料方面，物料是否乱堆放，原料是否合格、是否符合设计要求等；施工工艺方面，是否按设计施工、重大施工方案是否经相关部门审批等；环境方面，施工周围环境复杂、施工便道是否合理等。由于转体施工存在施工环境的复杂性、施工工艺的先进性及施工技术的成熟度等影响因素，导致施工致险因子，因此其施工致险因子及一般风险源也较其他施工桥型明显[10]。

针对大树村龙川江三线大桥转体施工，主要的风险源有转体过程中的失稳倾覆、启动或牵引设备故障、转体过程中物体撞击、高空物体坠落、转体系统装置故障、主桥合龙线形偏差、高空作业人员坠落等，特别是在跨越既有线路施工中，接触网高压触电风险大、对行车安全威胁大，安全风险点见表 6.1。

表 6.1 安全风险点排查表

序号	作业活动	风险点		可能发生的危险事件	风险评价				风险级别
		类别	具体描述		L	E	C	D	
1	转体	人的不安全行为	操作人员站在梁上	高处坠落、物体打击	0.5	6	7	21	4
2	转体	管理缺陷	操作人员无操作证	起重伤害、其他伤害	0.5	2	0	40	4
3	转体	管理缺陷	转体速度过大	起重伤害、物体打击、其他伤害	1	2	0	80	3
4	转体	人的不安全行为	操作人员未佩戴防护用品	高处坠落、物体打击、其他伤害	6	6	7	252	2
5	转体	人的不安全行为	操作人员站位不正确	高处坠落、物体打击	0.5	6	7	21	4
6	施工用电	人的不安全行为	施工现场用电不规范	触电、火灾	1	2	5	30	4
7	转体	物的不安全状态	桥面系施工，桥面未设临时防护栏杆	高处坠落	3	3	7	250	2
8	转体	物的不安全状态	乱搭乱设电线，未按规定设漏电保护器、接零接地，变压器未设防护，配电箱无标志，门未上锁造成触电	触电、火灾	0.2	6	5	270	2

6.2.2 安全保证措施

安全工作是搞好生产的重要因素，关系到国家、企业和职工的根本利益。在施工过程中，坚持贯彻“安全第一，预防为主，综合治理”的方针，严格执行《铁路桥涵工程施工安全技术规程》（TB 10303—2009）中的具体规定，把安全责任事故消灭在萌芽状态。健全安全生产的责任制度和群防群治制度，依靠科学管理和技术进步，推定安全生产工作的开展，最终实现安全目标。成立以施工负责人为组长，项目经理、项目总工及安全工程师为副组长的安全管理领导小组。按照“安全第一，预防为主，综合治理”的方针和“管生产必须管安全”的原则，安全管理领导小组进行转体施工全过程的安全管理和监督，推行全员安全生产责任制。

1. 接触网线安全保证措施

(1) 施工项目距接触网带电体 2～4m 范围内的施工，施工前按规定提前通知维管段，施工时由接触网工区现场监护。

(2) 施工项目距接触网带电体 2m 以内的施工，接触网必须停电，并由接触网工设置接地线后方可施工。

(3)所有跨线建筑物底部(含各种构件)距接触网带电体的静态间隙需在 0.5m 以上，接触线同一平面内，各种物件与接触线的水平距离要保证在 2.44m 以上。

(4)接触网附近的各种防护或过渡设备需悬挂安全警示标志，若人员有可能进入距接触网带电体 2m 以内的处所，必须穿戴可靠的防护设备，设防护网、挂警示牌，禁止人员进入。

(5)接触网须停电施工时，应事先向维管段提出申请书，明确作业地点、起止时间和作业特点。施工前须接到电力调度员许可停电作业的命令，施工时由接触网工区指派接触网工在场监控，施工结束时接触网工应确认所有工作人员都已撤至安全地点之后，方可拆除临时接地线。

(6)在不断电施工时，一切金属结构距接触网带电部分 5m 范围内，均需接地良好，方可施工。

(7)不得在接触网柱上或地线上绑扎照明线或其他物品。

(8)接触网断线时，无论已断导线是否落到地上，均严禁任何人接触，须立即通知维管段调度员，并按规定设置防护信号，在已断导线约 10m 半径范围内不准有人接近。

(9)电气化铁路附近发生火灾时，必须立即通知列车调度员、电力调度员或接触网工区值班人员。用水或一般灭火器浇灭离接触网带电部分不足 4m 的燃着物体时，接触网必须停电；若使用沙土灭火时，距接触网在 2m 以上者，可不停电。距接触网超过 4m 的燃着物体，可以不停电用水浇，必须注意使水流不向接触网的方向喷射，并保持水流与带电部分的距离在 2m 以上。

2. 行车安全保证措施

(1)要严格执行施工计划和调度命令，不准早点开工和不按规定设置防护。如在命令时间内未完成施工任务，达不到行车条件时，提前通知车站值班员，要求延长施工时间或限速运行。

(2)防护人员要坚守岗位，及时正确地显示信号，遇有危及列车安全的故障时，果断显示停车信号，拦停列车；防护人员必须经有关部门培训，并持证上岗，上岗时必须佩戴标志，备齐防护工具和用品(包括响墩、号角、移动停车牌、信号旗、臂章、防护服、短路铜线等)。

(3)要点防护按照铁路总公司《铁路技术管理规程》(TG/01—2014)第 379 条的规定执行，施工完毕由专人进行检查，确认线路安全，方准开通线路撤除防护。

(4)封锁线路期间，有关部门单位(广通工电段、昆明通信段、广通车务段)配合，派员到场盯岗协调。

(5)列车来临前，必须停止作业，人员和料具必须事先撤到限界以外避让。

(6)施工时必须把行车安全放在首位，与运营部门相互协商配合，签订安全协议书，共同保证行车安全。当施工与安全发生矛盾时，服从安全的需要。

(7) 要点施工严格按申报审批制度进行报批，及时保持与运营部门的联系，确保行车和施工安全，建立健全安全施工保证体系，同时接受运营部门监督体系的监督，确保行车安全的“两道防线”。

6.2.3　应急预案

为确保转体桥施工安全，控制潜在的各类事故或紧急情况对正常施工或施工人员、机具安全造成影响，最大限度地减少可能引发的危害，针对既有线可能发生的安全事故，能迅速有效地开展抢救工作，最大限度地降低列车安全风险，减少对既有成昆铁路运营、施工现场环境、施工人员和机具的不利影响，需要编制相应的应急预案。

1. 安全应急预案

1) 成立安全生产事故处理及应急救援领导小组

成立安全生产事故处理及应急救援领导小组，应急领导小组的职责如下。

(1) 针对具体情况，以保护人员、运营设备、工程设施各个方面免遭损失为目标，制定严密、周到、可靠、可行的安全措施和应急预案。

(2) 建立内部各级应急反应组织机构和各种应急处置、抢险救护小组，合理分工，责任到人。领导小组责任应急预案的制定及信息管理；物资部门负责应急预案中常用机械设备及物资的配置，并根据现场情况进行及时补充；各工点作业队成立应急小分队，保证有足够的应急抢险人员。

(3) 加强员工教育和培训，从思想上提高员工的安全意识，采用多种方式调动员工积极性，充分发挥员工的主观能动性；遇到险情时所有现场施工人员做到随叫随到。

(4) 确保信息畅通，设立抢险救援值班电话。

(5) 组织必要的演练，确保在安全险情及紧急情况出现时能从容应对。

(6) 出现险情及紧急情况时，迅速启动应急反应预案，并上报公司调度，随时保持联络畅通。

2) 应急领导小组工作原则

(1) 贯彻预防为主的原则。对具有中、难、险特点的分部分项工程、事故易发点、危险季节等，要提高防范意识，工作重心前移，要从人、财、物等方面早做预防、准备，做到常抓不懈。

(2) 快速有序，协同一致的原则。组织安全生产险情应急救援时，应根据快速有序的原则组织抢险救援力量，内部各部门要协调一致，人、财、物要以最快速度到达现场，任何人不得以任何理由阻碍。

(3) 职务替代原则。领导小组组长不在时，由副组长担任其职务，副组长不在时，由组员担任其职务。

(4) 着重现场指挥的原则。除领导小组组长全面负责领导指挥外，可由其指定另一人担任现场指挥，负责现场救助的指挥和协调工作，并分阶段报告每一阶段的情况、所采取的救助措施及进展。

3) 安全事故报告程序

施工现场发生任何事故，最先发现事故的人员应立即报告工地项目负责人或项目部调度，工地项目负责人或项目部调度接到报告后，立即向公司经理部领导、调度、安质部报告。报告分为口头报告、快报、详报、事故处理报告等形式，报告时限要求如下。

(1) 口头报告：在事故发生后的第一时间用最快速的方法(如电话、手机、对讲机等)概略报告事故情况。

(2) 快报：在事故发生 2h 内以书面形式(如电传、电子邮件等)报告事故的基本情况。

(3) 详报：在事故发生 24h 内以书面形式报告事故的详细情况。

(4) 事故处理报告：事故处理完毕后，以书面形式提供完整的事故处理报告。

4) 营业线施工事故报告程序

(1) 营业线施工发生险情时，事故发现第一人应立即报告现场负责人和防护人员。

(2) 现场负责人或防护人员获得信息并确认后，立即向邻近车站值班员及项目部应急救援领导小组汇报情况；远端防护员快速向险情地点两端线路巡视，利用各种防护信号将险情信息及时传递给行驶在区间上的列车司机，避免列车进入险情地点。

(3) 项目经理部应急救援领导小组接到项目分部电话报告后，应在第一时间赶赴现场，了解和掌握事故情况，开展抢救和维护现场秩序的工作。

(4) 迅速展开事故现场调查，根据事故具体情况，通知工务、电务、车务、通信段等与事故有关联的单位，请求他们协助处理事故和修复设备，尽快恢复通车，疏散现场人员脱离危险所。

5) 人员伤亡处理

当发生人员伤亡时，拨打 120 急救电话，请医疗单位急救。

(1) 向医生说明伤情和已经采取的措施，以便让救护人员事先做好急救的准备。

(2) 讲清楚伤者(事故)的发生地点。

(3) 说明报救者单位、姓名和联系电话，以便救护车找不到地方时好随时联系。

(4) 搬运伤员时，若疑有脊椎受伤可能的，一定要使伤员平卧在硬板上搬运，切忌只抬伤员的两肩与两腿或单肩背运伤员。

(5) 做好现场急救工作。在专职医护人员赶到现场前，初步检查受伤人员，判断其神志、气管、呼吸循环是否有问题，进行现场急救和监护，保持其呼吸道畅通，视情况采取有效的止血措施防止休克，包扎伤口，固定、保存好断离的器官或组织、预防感染，止痛等。

(6) 做好现场照相、取证和保护事故现场等工作。

(7) 由项目经理部应急救援领导小组与昆明铁路局有关部门立即联系，及时取得他们的支援。在昆明铁路局有关部门的支援下，确定现场处理方案，并及时组织应急分队人员对事故进行处理，以最快速度恢复营业线的使用。

(8) 在规定的时间内向业主单位、现场监理、地方安全相关部门、公司安质部等单位报告。通知伤(亡)者家属，做好善后接待和配合事故调查处理小组工作的相关事宜。

6) 人员、物质、机械准备

(1) 人员准备：综合班 20 人，机动班 7 人。

(2) 物资准备：干粉灭火器 10 支，氧气、乙炔及配套工具，撬棍 10 根等。袋装道砟 50 袋，60kg 备用轨(25m) 4 根，联结零件 10 套，混凝土枕木 10 根等。

(3) 机械配备：装载机 1 辆，挖掘机 1 辆，25t 吊车和 16t 吊车 1 辆，应急车辆 2 台，电钻 2 把，混凝土切割机 4 台，大锤 40 把，起道机 6 台，风镐 6 把，备用发电机 1 台。

(4) 线路防护用品：无线电话、对讲机、响墩、火炬、红黄旗及哨子。

2. 施工应急预案

为保证转体施工成功，需预先分析各工序可能出现的问题及应对措施，确保一旦出现问题时，能够沉着应对、及时解决。

1) 牵转困难、牵引动力不足

当牵引系统的千斤顶达到计算牵引力而桥梁结构仍不发生转动时，应检查撑脚与滑道、上下转盘之间接触处是否有杂物将其卡住，待清理后重新启动。

2) 设备运转不正常

(1) 备用 1 台 TX-200-J-D 型千斤顶。

(2) 设备提前进行检修，提前进行试转，试转后解决发现的问题。

3) 牵引系统发生故障

(1) 张拉端千斤顶反力座变形过大。

(2) 牵引索张拉端锚固端是否滑束，钢丝线是否断滑丝。

(3) 施工设备故障。

如发现上述现象，应对其结构的安全影响进行评估，确定是否采取安全措施。针对第 1 种情况，可采用增加刚度的处理措施；针对第 2 种情况，可采用增加钢束数量、在张拉前对每根钢绞线预先分别施加应力预紧、在施工过程中加强对预埋钢束的保护等措施；针对第 3 种情况，可采用增加备用设备及立即进行设备检修等处理措施。

4)在转体过程中出现擦脚

在转体之前认真进行检查，发现问题提前处理。转体前在滑道上涂抹硅脂或黄油，即使出现擦脚，仍可继续转体。

5)结构应力应变异常

如监测到结构应力应变发生异常，监控系统发出警报后。立即检查异常部位的构件是否因材质、制作及安装质量、设计缺陷等原因产生异常。同时确认监测结构是否可靠。找出原因后，采取相应的补救措施。

6)转铰平整度超出测量值

转体过程中不断观测梁两端标高的变化，如标高变化明显，超出转体专项实验测量值，则通知临时支墩侧的工人，及时调整支墩顶部标高。

7)突然停电

为防止动力线路出现故障造成突然停电，备用一台 100kW 的柴油发电机，为转体桥施工提供充足的电力保障。

8)接触网毁坏

施工过程中，如出现接触网毁坏事故，首先要与供电段、车站的协调人员根据现场实际情况，紧急研究抢修方案，抢修队按照抢修方案积极组织抢修，及时修复接触网。修复完毕后，立即检查线路、接触网、供电设备等，确认达到列车放行条件，办理相关手续后，通知车站，开通正常的铁路行车。

9)施工机具材料倾覆

(1)梁顶杂物提前清理干净，所必备的材料和机械设备基础底座保持水平，确保放置平稳牢固。

(2)发生机具材料倾覆事故时，现场及时设置隔离标志，禁止无关人员进入事发现场，派机械管理人员对倾覆设备进行检查并采取适当支撑措施，以防事故进一步扩大，把损失降到最小。

(3)当机械设备倾覆影响铁路的行车安全时，现场施工防护人员要立即通知车站值班领导，详细上报现场事故发生的情况，对线路路基、轨道、管道及相关设备造成的损失程度及时进行调查。同时按照车站值班领导的要求，做好现场警示标志。

(4)项目部立即组织一切人员，配合铁路维修单位进行抢修，确保在最短时间内使列车恢复运行。

10)极端天气

施工前应与气象部门加强沟通，选择在较好的气象条件下进行转体施工。如果在施工中碰到突发的不可控气象情况，如突降暴雨或大风等恶劣天气，应立即停止施工，固定好施工机具，并对梁体进行固定，人员迅速撤离，同时加强梁体形态监测。

参 考 文 献

[1] 沈世成, 邵文勇. 桥梁施工控制作用分析[J]. 中国科技纵横, 2010(2): 39-40.

[2] 徐君兰. 大跨度桥梁施工控制[M]. 北京: 人民交通出版社, 2000.

[3] 邱式中. 桥梁施工控制技术(续)[J]. 预应力技术, 2010(2): 33-39.

[4] 徐妥夫. 工程项目风险辨识与评价方法研究[J]. 基建优化, 2006, 27(3).

[5] 郑展飞, 周直. 模糊数学在工程项目风险辨识中的应用研究[J]. 重庆交通大学学报(自然科学版), 2006, 25(2): 122-124.

[6] 唐张伟. 基于头脑风暴法与流程图法的航空制造企业某改装项目风险识别[J]. 江苏科技信息, 2014(23): 125-126.

[7] Lokuge W, Gamage N, Setunge S. Fault tree analysis method for deterioration of timber bridges using an Australian case study [J]. Built Environment Project & Asset Management, 2016, 6(3): 332-344.

[8] 孙晔. 幕景分析法在新建城区规划环境影响评价中的实例应用研究[J]. 资源节约与环保, 2014(5): 31-33.

[9] 熊华, 罗奇峰, 任春. 工程项目风险识别中的检查表法[J]. 灾害学, 2005, 20(1): 110-112.

[10] 刘庆昌. 针对桥梁工程施工安全风险评估研究[D]. 济南: 山东大学, 2017.